Die Armenverwaltung.

Eine Zusammenstellung
der geltenden Gesetze,
mit Erläuterungen versehen und herausgegeben
von

H. Steffenhagen,
Beigeordneter.

Vierte Auflage.

Berlin.
J. J. Heines Verlag.
1887.

Vorwort.

Die vorliegende Ausgabe der das Armenwesen und die Verwaltung der Armenangelegenheiten betreffenden Gesetze ist dazu bestimmt:

1) denjenigen Kommunalbeamten, zu deren Decernate die Bearbeitung der Armensachen gehört, zum Nachschlagen, sowie den Mitgliedern der Armendeputationen, welche zur Beschlußfassung in Armensachen berufen sind, zur Instruction zu dienen;
2) die Anwendung und die Auslegung der Gesetze durch die zum Theil auf die Entscheidungen des Bundesamts für das Heimathswesen sich stützenden allgemeinen Gesichtspunkte und Interpretationen, welche in den beigefügten Anmerkungen enthalten sind, zu erleichtern;
3) die zum größten Theile und in sehr wesent-

lichen Bestimmungen durch das Verwaltungsgerichtsgesetz vom 3. Juli 1875, das Landesverwaltungsgesetz vom 30. Juli 1883 und das Zuständigkeitsgesetz vom 1. August 1883 aufgehobene Preußische Ausführungsgesetz vom 8. März 1871 in seiner jetzigen Geltung durch die beigefügten Anmerkungen vorzuführen.

Die Ausgabe ist mit Rücksicht auf den **zum Reichsgesetze über den Unterstützungswohnsitz vom 6. Juni 1870 gegebenen Kommentar** zum Vertriebe in allen deutschen Staaten, welche dem Geltungsbereiche jenes Gesetzes angehören, berechnet und der Oeffentlichkeit in der Erwartung übergeben, daß sich die Gemeindebehörden veranlaßt sehen werden, mehrere Exemplare zur Vertheilung an die Mitglieder ihrer Armen-Deputationen anzuschaffen.

Demmin, den 10. März 1885.

H. Steffenhagen,
Beigeordneter.

Inhalts-Verzeichniß.

Einleitung.

Die Verwaltung der öffentlichen Armenpflege, ein Hauptzweig der Kommunalverwaltung, liegt in den Gemeinde-Armenverbänden den Gemeindebehörden ob, welche ihrerseits berechtigt sind, die Verwaltung einer aus Mitgliedern des Gemeindevorstandes und der Gemeindevertretung, geeignetenfalls auch aus der Zahl anderer Gemeindemitglieder, zu wählenden Deputation zu übertragen. Die Kompetenz solcher Armendeputationen ist in den meisten deutschen Städten durch besondere den äußern Geschäftsgang, vor Allem die Organisation, den Wirkungskreis und die Geschäftsverwaltung ordnende Instructionen, welche den bestehenden lokalen Verhältnissen angepaßt sind, oder durch gleiche Ziele verfolgende statutarische Bestimmungen, welche auf Grund der Städte-Ordnungen resp. Stadtrezesse erlassen sind, geregelt. Die Verwaltung dieser Armendeputationen erstreckt sich auf das gesammte Armenwesen, und zwar nicht bloß auf die offene Armenpflege, d. h. die Pflege solcher Armen, welche nicht in einer der geschlossenen Armen-

Anstalten aufgenommen sind, sondern auch auf die geschlossene Armenpflege d. h. die Pflege solcher Armen, welche sich in den Armen-Anstalten aufhalten. Die Thätigkeit der Armendeputationen ist in den meisten Städten und in allen Gesammt-Armenverbänden nicht bloß eine berathende oder vorbereitende, sondern vielmehr innerhalb ihres Wirkungskreises eine völlig selbstständig verwaltende und ausführende. Diese verantwortliche und überdies in die finanzielle Seite des Kommunalwesens tief eingreifende Thätigkeit ist es, welche an der Qualification der Armendeputationsmitglieder ganz besondere Anforderung stellen läßt, insbesondere in Bezug auf Kenntniß der in Betreff des Armenwesens und der Verwaltung der Armenangelegenheiten hauptsächlich zu beachtenden gesetzlichen Bestimmungen und zwar:

I. Des Reichsgesetzes über den Unterstützungswohnsitz vom 6. Juni 1870.

II. Des die Ausführung des Bundesgesetzes über den Unterstützungswohnsitz betreffenden Preußischen Gesetzes vom 8. März 1871 nebst den abändernden Bestimmungen des Verwaltungsgerichtsgesetzes vom 3. Juli 1875, des Landesverwaltungsgesetzes vom 30. Juli 1883 und des Zuständigkeitsgesetzes vom 1. April 1883.

III. Des Ministerialtarifs vom 2. Juli 1876.

I.

Gesetz über den Unterstützungswohnsitz
vom 6. Juni 1870.

Wir Wilhelm &c. verordnen im Namen des Norddeutschen Bundes, nach erfolgter Zustimmung des Bundesrathes und des Reichstages, was folgt:

Anm. Das Gesetz, anfänglich für den früheren Norddeutschen Bund erlassen, gilt nach Gründung des Deutschen Reichs für ganz Deutschland mit Ausschluß des Königreichs Bayern. Unter den in dem Gesetze sich vorfindenden Worten: „Norddeutscher Bund, Norddeutsche &c.“ ist also jetzt: „Deutsches Reich, Deutsche &c.“ zu verstehen.

Gleichberechtigung der Bundesangehörigen.

§ 1.

Jeder Norddeutsche ist in jedem Bundesstaate in Bezug

a) auf die Art und das Maaß der im Falle

der Hülfsbedürftigkeit zu gewährenden öffentlichen Unterstützung,

b) auf den Erwerb und Verlust des Unterstützungswohnsitzes

als Inländer zu behandeln.

Die Bestimmungen im § 7 des Gesetzes über die Freizügigkeit vom 1. November 1867 (Bundesgesetzbl. S. 55) sind auf Norddeutsche ferner nicht anwendbar.

Anm. 1 zu § 1. Als Inländer im Sinne des Gesetzes sind jetzt anzusehen alle Deutsche mit Ausnahme der Angehörigen des Königreichs Bayern.

Anm. 2. Die Art und das Maaß der im Falle der Hülfsbedürftigkeit zu gewährenden öffentlichen Unterstützung ist für Preußen in dem Ausführungsgesetze vom 8. Mai 1871 § 1 festgestellt (Obdach, unentbehrlicher Lebensunterhalt, erforderliche Pflege in Krankheitsfällen und angemessenes Begräbniß).

Anm. 3. Der § 7 des Freizügigkeitsgesetzes bestimmt, daß in den Fällen, wenn sich nach dem Anzuge die Nothwendigkeit einer öffentlichen Unterstützung offenbart, bevor der neu Anziehende an dem Aufenthaltsorte eines andern Staates einen Unterstützungswohnsitz erworben hat und die Fortsetzung des Aufenthalts versagt werden kann, sich das Verfahren zwischen den betheiligten Staaten nach dem Gothaer Vertrage und den betreffenden Ausführungsgesetzen regelt, sowie daß ein Anspruch auf Ersatz der Fürsorgekosten gegen die verpflichteten Kassen nur insoweit stattfindet, als die Fürsorge für den Auszuweisenden länger als 3 Monate gedauert hat.

Der § 7 des Freizügigkeitsgesetzes bleibt dem Königreich Bayern gegenüber selbstverständlich von Bestand.

Organe der öffentlichen Unterstützung Hülfsbedürftiger.

§ 2.

Die öffentliche Unterstützung hülfsbedürftiger Norddeutscher wird, nach näherer Vorschrift dieses Gesetzes, durch Ortsarmenverbände und durch Landarmenverbände geübt.

Anm. zu § 2. Oeffentliche Unterstützung im Sinne des Gesetzes ist nur die durch Ortsarmenverbände und Landarmenverbände geübte, nicht die durch organisirte Wohlthätigkeitsvereine, durch Klöster, im Wege der Kirchenarmenpflege, durch den Armenverbänden nicht gehörige staatlich anerkannte Anstalten und Stiftungen, durch öffentliche Sammlungen gewährte.

Ortsarmenverbände.

§ 3.

Ortsarmenverbände können aus einer oder mehreren Gemeinden und, wo die Gutsbezirke außerhalb der Gemeinden stehen, aus einem oder mehreren Gutsbezirken beziehungsweise Gemeinden und Gutsbezirken zusammengesetzt sein. Alle zu einem Ortsarmenverbande vereinigten Gemeinden und Gutsbezirke gelten in Ansehung der durch dieses Gesetz geregelten Verhältnisse als eine Einheit.

Anm. 1 zu § 3. Das Nähere über die Bildung der Ortsarmenverbände enthält der § 2 des Ausführungsgesetzes vom 8. März 1871.

Anm. 2. Die zu einem Ortsarmenverbande vereinigten Gemeinden und Gutsbezirke werden „Gesammtarmenverbände" genannt.

§ 4.

Wo räumlich abgegrenzte Ortsarmenverbände noch nicht bestehen, sind dieselben bis zum 1. Juli 1871 einzurichten. Bis zum gleichen Termin muß jedes Grundstück, welches noch zu keinem Ortsarmenverbande gehört, entweder einem angrenzenden Ortsarmenverbande nach Anhörung der Betheiligten durch die zuständige Behörde (§ 8) zugeschlagen oder selbstständig als Ortsarmenverband eingerichtet werden.

Landarmenverbände.

§ 5.

Die öffentliche Unterstützung hülfsbedürftiger Norddeutscher, welche endgültig zu tragen kein Ortsarmenverband verpflichtet ist (der Landarmen), liegt den Landarmenverbänden ob. Zur Erfüllung dieser Obliegenheit hat jeder Bundesstaat bis zum

1. Juli 1871 entweder unmittelbar die Funktionen des Landarmenverbandes zu übernehmen oder besondere, räumlich abgegrenzte Landarmenverbände, wo solche noch nicht bestehen, einzurichten.

Dieselben umfassen der Regel nach eine Mehrheit von Ortsarmenverbänden, können sich aber ausnahmsweise auf den Bezirk eines einzigen Ortsarmenverbandes beschränken.

Anm. 1 zu § 5. Landarmenverbände, welche sich auf den Bezirk eines einzigen Ortsarmerverbandes beschränken, bilden die Stadtkreise Berlin, Frankfurt a. M., Königsberg i. Pr. und Breslau. In diesen Städten sind Ortsarmenverband und Landarmenverband durch dieselbe Behörde, scil. den Magistrat der genannten Städte, vertreten.

Anm. 2. Die Landarmenverbände sind die öffentliche Unterstützung Hülfsbedürftiger zu tragen erst dann verpflichtet, wenn ein fürsorgepflichtiger Ortsarmenverband nicht vorhanden ist. Diese Thatsache bildet also den Klagegrund in einer wider einen Landarmenverband anzustellenden Klage. Die bloß dilatorische Einrede der Vorausklage wider einen Ortsarmenverband steht dem Landarmenverbande nicht zu. Behauptet ein Landarmenverband einredeweise, daß ein bestimmter Ortsarmenverband fürsorgepflichtig ist, so ist dies als Negation des Klagegrundes aufzufassen, und fällt die Beweislast dem klagenden Ortsarmenverbande zu.

Anm. 3. Preußen hat räumlich abgegrenzte Landarmenverbände eingerichtet, nämlich:

1. für die Provinzen Brandenburg, Pommern, Posen, Westpreußen, Sachsen und Westphalen je einen

Landarmenverband, vertreten durch einen Landesdirektor mit dem Sitz und Gerichtsstand in Berlin (für Brandenburg), resp. Stettin (Pommern), Posen (Posen), Danzig (Westpreußen), Merseburg (Sachsen) und Münster (Westphalen);

2. für die Provinz Hannover einen Landarmenverband, vertreten durch den Landesdirektor mit Sitz und Gerichtsstand in Hannover;
3. für die Rheinprovinz einen Landarmenverband, vertreten durch den Landtagsmarschall der Provinz mit Sitz und Gerichtsstand in Düsseldorf;
4. für die Hohenzollernsche Lande den Landarmenverband des Regierungsbezirks Sigmaringen, vertreten durch den Landesausschuß mit Sitz und Gerichtsstand in Sigmaringen;
5. für den Stadtkreis Berlin einen Landarmenverband der Stadt Berlin, vertreten durch den Magistrat in Berlin;
6. für die Provinz Schleswig-Holstein zwei Landarmenverbände:
   a) Landarmenverband von Schleswig-Holstein, vertreten durch den Landesdirektor mit Sitz und Gerichtsstand in Kiel,
   b) Landarmenverband des Kreises Herzogthum Lauenburg, vertreten durch den Kreisausschuß in Ratzeburg;
7. für die Provinz Schlesien zwei Landarmenverbände:
   a) Landarmenverband der Provinz Schlesien, vertreten durch den Landeshauptmann mit Sitz und Gerichtsstand in Breslau,
   b) Landarmenverband der Stadt Breslau, vertreten durch den Magistrat in Breslau;
8. für die Provinz Hessen-Nassau drei Landarmenverbände:
   a) des Regierungsbezirks Kassel, vertreten durch den

Landesdirektor mit Sitz und Gerichtsstand in Kassel,

b) des Regierungsbezirks Wiesbaden, vertreten durch den Landesdirektor mit Sitz und Gerichtsstand in Wiesbaden,

c) des Stadtkreises Frankfurt a. M., vertreten durch die Kreisständische Landarmenkommission der Stadt Frankfurt a. M.;

9. für die Provinz Ostpreußen je einen Landarmenverband in jedem Kreise, vertreten durch je eine Kreisarmenkommission mit Sitz und Gerichtsstand in der betreffenden Kreishauptstadt, und außerdem einen Landarmenverband für die Stadt Königsberg i. Pr., vertreten durch den dortigen Magistrat.

§ 6.

Armenverbände, deren Mitgliedschaft an ein bestimmtes Glaubensbekenntniß geknüpft ist, gelten nicht als Armenverbände im Sinne des Gesetzes.

Anm. zu § 6. Armenverbände im Sinne des Gesetzes sollen räumlich abgegrenzte und völlig beschränkungslose Ortsbezirke bilden, und allen hülfsbedürftigen Deutschen ohne Rücksicht auf deren Glaubensbekenntniß öffentliche Unterstützung gewähren.

§ 7.

Die Orts- und Landarmenverbände stehen in Bezug auf die Verfolgung ihrer Rechte einander gleich. Hat ein Bundesstaat unmittelbar die Funktionen des Landarmenverbandes übernommen

(§ 5), so steht er in allen durch dieses Gesetz geregelten Verhältnissen den Landarmenverbänden gleich.

Anm. zu § 7. Sachsen, Mecklenburg-Schwerin, Sachsen-Weimar, Braunschweig, Sachsen-Altenburg, Sachsen-Koburg-Gotha, Anhalt, Schwarzburg-Sondershausen, Schwarzburg-Rudolstadt, die Fürstenthümer Reuß, Schaumburg-Lippe, Lippe-Detmold und die Hansestädte haben unmittelbar die Funktionen eines Landarmenverbandes übernommen,

§ 8.

Die Landesgesetze bestimmen über die Zusammensetzung und Einrichtung der Ortsverbände und Landarmenverbände, über die Art und das Maaß der im Falle der Hülfsbedürftigkeit zu gewährenden öffentlichen Unterstützung, über die Beschaffung der erforderlichen Mittel, darüber, in welchen Fällen und in welcher Weise den Ortsarmenverbänden von den Landarmenverbänden oder von anderen Stellen eine Beihülfe zu gewähren ist, und endlich darüber, ob und inwiefern sich die Landarmenverbände der Ortsarmenverbände als ihrer Organe Behufs der öffentlichen Unterstützung Hülfsbedürftiger bedienen dürfen.

Anm. zu § 8. Die Landesgesetze normiren die Art und das Maaß der im Falle der Hülfsbedürftigkeit zu gewährenden öffentlichen Unterstützung. Nach den über das Maaß durch die Landesgesetze bestimmten

Grundsätzen richtet sich die Höhe der für die Unterstützung Hülfsbedürftiger Seitens der Armenverbände zu erstattenden Kosten. — cfr. Anm. 7 zu § 30.

Für Preußen ist die Art und das Maaß solcher Unterstützung in dem Preußischen Ausführungsgesetze vom 8. März 1871 festgestellt.

Erwerb des Unterstützungswohnsitzes.

§ 9.

Der Unterstützungswohnsitz wird erworben durch

a) Aufenthalt,

b) Verehelichung,

c) Abstammung.

Anm. zu § 9. Die §§ 9—21 handeln vom dem Erwerbe des Unterstützungswohnsitzes durch Aufenhalt, Verehelichung und Abstammung, dagegen die §§ 22—27 von dem Verluste des Unterstützungswohnsitzes durch Erwerb eines anderweitigen und zweijährige Abwesenheit nach zurückgelegtem 24. Lebensjahre.

Durch Aufenthalt.

§ 10.

Wer innerhalb eines Ortsarmenverbandes nach zurückgelegtem vierundzwanzigsten Lebensjahre zwei Jahre lang ununterbrochen seinen gewöhnlichen Aufenthalt gehabt hat, erwirbt dadurch in demselben den Unterstützungswohnsitz.

Anm. zu § 10. Charakteristisch für den Erwerb des Unterstützungswohnsitzes ist die nackte Thatsache des ununterbrochenen gewöhnlichen Aufenthalts an einem Orte während 2 Jahre nach zurückgelegtem 24. Lebensjahre, ohne Rücksicht auf das civilrechtliche Domizil, die polizeiliche An- und Abmeldung, den Besitz des Bürgerrechts, die Zahlung von Staats- und Kommunalsteuern, die Eintragung in die Reichs-Landes- und Kommunal-Wählerlisten, Führung eines besonderen Hausstandes oder Beziehung einer eigenen Wohnung, den Aufenthalt der Frau und Kinder an einem andern Orte, den Besitz eines Heimathsreverses und ein etwa bestehendes Dienst- oder sonstiges Abhängigkeitsverhältniß.

§ 11.

Die zweijährige Frist läuft von dem Tage, an welchem der Aufenthalt begonnen ist.

Durch den Eintritt in eine Kranken-, Bewahr- oder Heilanstalt wird jedoch der Aufenthalt nicht begonnen.

Wo für ländliches oder städtisches Gesinde, Arbeitsleute, Wirthschaftsbeamte, Pächter oder andere Miethsleute der Wechsel des Wohnortes zu bestimmten, durch Gesetz oder ortsübliches Herkommen festgesetzten Terminen stattfindet, gilt der übliche Umzugstermin als Anfang des Aufenthalts, sofern nicht zwischen diesem Termine und dem Tage, an welchem der Aufenthalt wirklich beginnt, ein mehr als siebentägiger Zeitraum gelegen hat.

Anm. 1 zu § 11 Abs. 1. Der Tag, an welchem der Aufenthalt beginnt, wird bei der Berechnung der zweijährigen Frist als voll gerechnet, während der letzte Tag, im Laufe dessen der Aufenthalt endigt, bei der Berechnung unberücksichtigt bleibt.

Anm. 2 zu Abs. 2. Die Bestimmung des Abs. 2 findet keine Anwendung auf die in den Anstaltsgebäuden wohnenden oder sich aufhaltenden Beamte, Aerzte, Bedienteste 2c.

Anm. 3 zu Abs. 3. Unter Miethsleuten sind nur zu verstehen die Miether von Wohnungen, nicht Personen, welche sich verdingen, weil letztere unter den Begriff: „Gesinde resp. Arbeitsleute" fallen.

Anm. 4. Die Bestimmungen des Abs. 3 beziehen sich nur auf die dort ausdrücklich benannten Personen, nicht auf solche, welche sich im Haushalte der letzteren aufhalten, ohne deren Unterstützungswohnsitz zu theilen.

Anm. 5. Fällt der Wechsel des Wohnorts nicht auf einen bestimmten Tag, sondern auf einen mehrtägigen Zeittermin, so beginnt der siebentägige Zeitraum, welcher in Berechnung gestellt werden soll, mit dem auf den letzten Tag des Termins folgenden Tage.

§ 12.

Wird der Aufenthalt unter Umständen begonnen, durch welche die Annahme der freien Selbstbestimmung bei der Wahl des Aufenthaltsortes ausgeschlossen wird, so beginnt der Lauf der zweijährigen Frist erst mit dem Tage, an welchem diese Umstände aufgehört haben.

Treten solche Umstände erst nach Beginn des Aufenthats ein, so ruht während ihrer Dauer der Lauf der zweijährigen Frist.

Anm. zu § 12. Die Annahme der freien Selbstbestimmung bei der Wahl des Aufenthaltsorts wird ausgeschlossen:

a) bei Geisteskranken, welche an beständiger Geistesabwesenheit leiden, ausnahmslos;
b) bei sonstigen Geistes- und Gemüthskranken, Blödsinnigen und den unter Kuratel gestellten taubstummen Personen, wenn ihnen überhaupt das zur Selbstbestimmung erforderliche Erkennungs- und Willensvermögen fehlt;
c) bei Gefangenen während der Detentionszeit;
d) bei Personen, welche in Folge polizeilicher Anordnung zur Zeit herrschender Epidemien Quarantaine halten müssen oder in ihren Wohnungen abgesperrt werden, während der Quarantaine- resp. Sperrzeit.

§ 13.

Als Unterbrechung des Aufenthalts wird eine freiwillige Entfernung nicht angesehen, wenn aus den Umständen, unter welchen sie erfolgt, die Absicht erhellt, den Aufenthalt beizubehalten.

Anm. 1 zu § 13. Jede freiwillige Entfernung hat im Sinne des Gesetzes die Vermuthung der Unterbrechung des Aufenthalts für sich. Diese Vermuthung wird entkräftet, wenn die Entfernung durch Umstände veranlaßt worden, aus welcher die Absicht der Beibehaltung des Aufenthalts erhellt. Bloße Erklärungen genügen nicht zur Entkräftung, nur die der Entfernung zu Grunde liegenden Thatsachen sind für die Beurtheilung der Frage über die Absicht der Beibehaltung des Aufenthalts entscheidend. Reisen, welche Jemand zum Zwecke eines Besuchs, zur Betreibung seines Geschäfts, zur Ausübung seines Dienstes, zur Erfüllung seines Berufs, zur Herstellung der Gesundheit unternimmt, unterbrechen den Aufenthalt an dem Orte nicht, welcher als der Mittelpunkt seiner wirthschaftlichen Existenz und Thätigkeit anzusehen ist.

Anm. 2. Welcher Ort ist bei den Arbeitern, welche auswärts beschäftigt sind und nur periodisch zu ihrer Familie zurückzukehren pflegen, der Ort des gewöhnlichen Aufenthalts? Stehen die Arbeiter in einem dauernden Dienstverhältnisse auswärts und haben dort Schlafstelle, so ist der Dienstort als Ort des gewöhnlichen Aufenthalts anzusehen; stehen sie auswärts in einem dauernden Arbeitsverhältnisse, so sind die Thatsachen, welche die periodische Rückkehr zur Familie veranlassen (z. B. Abholung von Wäsche und Lebensmitteln, Absicht des Besuchs 2c) über die Frage entscheidend, ob der Wohnort der Familie oder der Arbeitsort als Ort des gewöhnlichen Aufenthalts gilt. Die regelmäßige wöchentliche Abholung von Wäsche und Lebensmitteln, welche zum Lebensunterhalte nöthig sind, wird die Annahme der Absicht, den Aufenthalt am Wohnorte der Familie beizubehalten, begründen; dagegen wird die bloße Absicht der Arbeiter, ihre Familien zu besuchen, jene Annahme ausschließen. Es kommt also bei der Beantwortung der Frage einzig und allein darauf an, ob in den concludenten Thatsachen, welche die Rückkehr zur Familie veranlassen, die Absicht, den Aufenthalt am Orte des Wohnorts der Familie beizubehalten, zu erkennen ist. Ist die Absicht erkennbar, so gilt der Wohnort der Famlie als Ort des gewöhnlichen Aufenthalts; im entgegengesetzten Falle als solcher der Arbeitsort.

§ 14.

Der Lauf der zweijährigen Frist (§ 10) ruht

während der Dauer der von einem Armenverbande gewährten öffentlichen Unterstützung.

Er wird unterbrochen durch den von einem Armenverbande auf Grund der Bestimmung im § 5 des Gesetzes über die Freizügigkeit vom 1. November 1867 gestellten Antrag auf Anerkennung der Verpflichtung zur Uebernahme eines Hülfsbedürftigen. Die Unterbrechung erfolgt mit dem Tage, an welchem der also gestellte Antrag an den betreffenden Armenverband oder an die vorgesetzte Behörde eines der betheiligten Armenverbände abgesandt ist.

Die Unterbrechung gilt als nicht erfolgt, wenn der Antrag nicht innerhalb zweier Monate weiter verfolgt oder wenn derselbe erfolglos geblieben ist.

Anm. 1 zu § 14. Der Lauf der zweijährigen Frist ruht während der Dauer der öffentlichen Unterstützung, welche gewährt wird:

a) von einem deutschen Ortsarmenverbande (exklusive Bayern);
b) von einem deutschen Landarmenverbande (exklusive Bayern);
c) von einem deutschen Staate, welcher unmittelbar die Funktionen des Landarmenverbandes übernommen hat;
d) von einem Preußischen Kreise, welcher auf Grund des § 31 des Ausführungsgesetzes vom 8. März 1871 die Kosten der Armenpflege für Kranke an Stelle des Ortsarmenverbandes unmittelbar übernommen hat.

Die im Wege der kirchlichen Armenpflege oder von Privaten oder von Wohlthätigkeitsvereinen gewährten Unterstützungen hemmen den Lauf der Frist ebensowenig wie die Unterstützungen, welche von den einem Armenverbande nicht gehörenden Anstalten, milden Stiftungen, Klöstern rc. verabfolgt werden.

Anm. 2. Die Dauer der Unterstützung beginnt mit dem Tage, an welchem dem Hülfsbedürftigen die Unterstützung faktisch verabfolgt wird resp. im Falle des Versäumnisses der Verabreichung Seitens des Armenverbandes mit dem Tage, an welchem die Hülfsbedürftigkeit anerkannt oder festgestellt worden ist.

Anm. 3. Der Lauf der Frist ruht auch in dem Falle, wenn Jemand nicht in eigener Person, sondern in der Person seiner Frau und seiner Kinder und in der Person Aller derer, welche seinem Unterstützungswohnsitze folgen, unterstützt wird.

Anm. 4. Schwierig ist die Beantwortung der Frage, für welchen Zeitraum einmalige Unterstützungen an Kleidungsstücken, Brennmaterial, Geld, Eßwaaren rc. als gewährt anzunehmen sind. In solchen Fällen sind die faktischen Verhältnisse, welche die Unterstützung veranlassen, für die Entscheidung maßgebend.

Anm. 5. Die Unterstützung, während deren Dauer der Lauf der zweijährigen Frist ruht, muß im Wege der öffentlichen Armenpflege zur Begegnung der Hülfsbedürftigkeit gewährt sein. Unterstützungen, welche von einem Armenverbande nur in der Absicht, zum Nachtheil eines anderen bisher unterstützungsverpflichteten Armenverbandes das Ruhen des Fristenlaufes herbeizuführen, verabfolgt worden, sind als nicht gewährt anzusehen, da sie in einem solchen Falle sich nicht als ein Akt der öffentlichen Armenpflege im Sinne des Gesetzes darstellen. Der Fristenlauf ruht nicht während der Dauer solcher Unterstützungen.

Anm. 6. Der Fristenlauf ruht nicht bei

a) Unterstützungen, welche von einem Kreise der Familie eines zur Fahne eingezogenen Reservisten auf Grund gesetzlicher Bestimmung gewährt werden,

b) Unterstützungen, welche aus dem Dispositionsfonds einer Behörde einem erkrankten Beamten gewährt wird,

c) Unterstützungen, welche einem Beamten durch unentgeldliche Aufnahme in eine Krankenanstalt Seitens seiner Behörde gewährt werden,

d) Unterstützungen, welche sich in der Form des Erlasses von Steuern äußern,

und zwar deshalb, weil in diesen Unterstützungen nicht der Akt der eigentlichen Armenpflege, sondern der Akt der Verpflichtung resp. der Liberalität zu erkennen ist.

Anm. 7. Der Abs. 2 des § 14 spricht von der Unterbrechung der Frist, der Abs. 1 vom Ruhen derselben. Bei der Unterbrechung kommt die vorher verflossene Zeit des Aufenthalts nicht wieder in Berücksichtigung bei der Fristenberechnung, während beim Ruhen die vor demselben abgelaufene und die nachher folgende Zeit bei der Feststellung der Frist zusammengerechnet werden.

Anm. 8. Der § 5 des Freizügigkeitsgesetzes vom 1. November 1867 lautet: „Offenbart sich nach dem Anzuge die Nothwendigkeit einer öffentlichen Unterstützung, bevor sich der neu Anziehende an dem Aufenthaltsorte einen Unterstützungswohnsitz erworben hat und weist die Gemeinde nach, daß die Unterstützung aus anderen

Gründen als wegen einer nur vorübergehenden Arbeitsunfähigkeit nothwendig geworden ist, so kann die Fortsetzung des Aufenthalts versagt werden."

So lange also jene Nothwendigkeit der Unterstützung und zugleich der vorberegte Nachweis nicht vorliegt, kann der auf Anerkennung der Uebernahmepflicht gerichtete Antrag die Unterbrechung des Fristenlaufs nicht nach sich ziehen.

Anm. 9 zu Abs. 3. Der Antrag ist in Preußen zu verfolgen bei dem kompetenten Bezirksausschusse. Die Frist zur Verfolgung ist zwei Monate, gerechnet vom Tage der Ablehnung des Antrags Seitens des gegnerischen Armenverbandes an.

Anm. 10 zu Abs. 3. Die Erfolglosigkeit des Antrags tritt ein, wenn derselbe nicht bis zur rechtskräftigen Entscheidung durchgeführt oder wenn derselbe von Seiten des Bezirksausschusses als unbegründet abgewiesen wird.

Durch Verehelichung.

§ 15.

Die Ehefrau theilt vom Zeitpunkte der Eheschließung ab den Unterstützungswohnsitz des Mannes.

Anm. zu § 15. Die Ehefrau theilt vom Zeitpunkte der Eheschließung ab zugleich mit ihren Kindern (ehelichen und unehelichen) den Unterstützungswohnsitz des Mannes, wenn sie auch vor Eingehung der Ehe in eigener Person oder in derjenigen ihrer Kinder öffentlich unterstützt worden ist. Umgekehrt wird eine Ehefrau, welche mit einem Landarmen die Ehe schließt, selbst und mit ihren Kindern Landarme.

§ 16.

Wittwen und rechtskräftig geschiedene Ehefrauen behalten den bei Auflösung der Ehe gehabten Unterstützungswohnsitz so lange, bis sie denselben nach den Vorschriften der §§ 22 Nr. 2, 23—27 verloren oder einen anderweitigen Unterstützungswohnsitz nach Vorschrift der §§ 9—14 erworben haben.

Anm. zu § 16. Wittwen und rechtskräftig geschiedene Ehefrauen, welche den bei Auflösung der Ehe gehabten Unterstützungswohnsitz behalten, können diesen nur durch eine seit Auflösung der Ehe zu berechnende zweijährige Abwesenheit verlieren, sowie nur durch eine seit Auflösung der Ehe zu berechnende zweijährige Anwesenheit einen neuen Unterstützungswohnsitz erwerben. Bei dieser Berechnung wird also die Zeit vor der Auflösung der Ehe, während welcher die Ehefrau mit ihrem Ehemanne bereits abwesend resp. anwesend war, gar nicht berücksichtigt.

Dasselbe gilt in Bezug auf den Erwerb und Verlust des Unterstützungswohnsitzes für die böslich verlassene und für die separirte Ehefrau, deren im folgenden § 17 Erwähnung geschieht.

§ 17.

Als selbstständig in Beziehung auf den Erwerb und Verlust des Unterstützungswohnsitzes gilt die Ehefrau auch während der Dauer der Ehe, wenn und so lange der Ehemann sie böslich verlassen hat, ferner wenn und so lange sie während der Dauer der Haft des Ehemannes oder in Folge ausdrücklicher Einwilligung desselben oder kraft der nach den Landesgesetzen ihr zustehenden Befugniß vom Ehemanne getrennt lebt und ohne dessen Beihülfe ihre Ernährung findet.

Anm. 1 zu § 17. Der nach der böslichen Verlassung oder Trennung etwa selbstständig erworbene Unterstützungswohnsitz der Ehefrau geht mit der Wiedervereinigung der Eheleute wieder verloren. Die Ehefrau theilt dann wieder den Unterstützungswohnsitz des Mannes. — cfr. Anm. zu § 16. —

Anm. 2. Unter: „Bösliche Verlassung (malitiosa desertio)" ist die eigenmächtige, beharrliche Entfernung eines Ehegatten an unbekannte oder dem Gerichte unerreichbare Orte zu verstehen. Der die bösliche Verlassung veranlassende Beweggrund ist bedeutungslos.

Anm. 3. Eine gegenseitig vereinbarte Trennung kann sich zur böslichen Verlassung gestalten, wenn die Ehefrau die Wiedervereinigung fordert und der Ehemann, solche ausdrücklich verweigernd oder die Aufforderung unbeachtet lassend, einen unbekannten Aufenthalt wählt.

Anm. 4. Die nach § 17 erforderliche ausdrücklich auf dauernde Trennung gerichtete Einwilligung kann durch eine stillschweigend ertheilte nicht ersetzt werden, um die im § 17 hervorgehobenen Folgen herbeizuführen, weil bei einer stillschweigenden die Absicht der dauernden Trennung nicht hervortritt.

Anm. 5. Zum selbstständigen Erwerbe und Verluste des Unterstützungswohnsitzes Seitens der Ehefrau ist erforderlich, daß die Eheleute getrennt leben und die Ehefrau ohne Beihülfe des Mannes ihre Ernährung findet. Eine solche Beihülfe liegt nicht vor, wenn der Mann seine ehelichen Kinder auf seine Kosten anderweitig unterbringt.

Durch Abstammung.

§ 18.

Eheliche und den ehelichen gesetzlich gleichstehende Kinder theilen, vorbehaltlich der Bestimmung des § 20, den Unterstützungswohnsitz des Vaters so lange, bis sie denselben nach Vorschrift der §§ 22 Nr. 2, 23—27 verloren oder einen anderweitigen Unterstützungswohnsitz nach Vorschrift der §§ 9—14 erworben haben.

Sie behalten diesen Unterstützungswohnsitz auch nach dem Tode des Vaters bis zu dem vorstehend gedachten Zeitpunkte, vorbehaltlich der Bestimmung des § 19.

Anm. 1 zu § 18. Die den ehelichen gesetzlich gleichstehenden Kinder sind nach dem Allgemeinen Preußischen Landrechte (Th. II Tit. II §§ 596, 598, 603, 681) die legitimirten und adoptirten Kinder.

Anm. 2. Die Kinder theilen den Unterstützungswohnsitz des Vaters bis zum zurückgelegten 24. Lebensjahre, auch wenn sie bereits verheirathet sind und einen eigenen Haushalt führen. Nach dem 24. Lebensjahre verlieren die Kinder den bis dahin getheilten Unterstützungswohnsitz nur durch zweijährige Abwesenheit oder erwerben einen anderweitigen Unterstützungswohnsitz durch zweijährige Anwesenheit an einem andern Orte.

§ 19.

Wenn die Mutter den Vater überlebt, so theilen nach Auflösung der Ehe durch den Tod des Vaters die ehelichen und die ehelichen gesetzlich gleichstehenden Kinder den Unterstützungswohnsitz der Mutter in dem Umfange des § 18.

Gleiches gilt im Falle des § 17, sofern die Kinder bei der Trennung vom Hausstande des Vaters der Mutter gefolgt sind.

Anm. 1 zu § 19. Darüber, welchen Unterstützungswohnsitz die Mutter nach dem Tode ihres Ehemannes behält, und wie die zum Verluste und Erwerbe des Unterstützungswohnsitzes erforderliche zweijährige Zeit zu berechnen ist, vergleiche Anm. zu § 16.

Anm. 2. Den bei der Trennung vom Haushalte des Vaters ihrer Mutter gefolgten Kindern stehen die nach der Trennung geborenen Kinder in Betreff der Theilung des Unterstützungswohnsitzes gleich.

Anm. 3. Im Falle der Trennung der Ehe und des Todes der Mutter behalten die Kinder den Unterstützungswohnsitz der Mutter bis dahin, daß sie in den Hausstand des Vaters wiederaufgenommen sind oder selbstständig nach zurückgelegtem 24. Lebensjahre einen anderweitigen Unterstützungswohnsitz erwerben.

§ 20.

Bei der Scheidung der Ehe theilen die ehelichen und den ehelichen gesetzlich gleichstehenden Kinder in dem Umfange des § 18 den Unterstützungswohnsitz der Mutter, wenn dieser die Erziehung der Kinder zusteht.

Anm. zu § 20. Darüber, ob bei der Scheidung der Ehe die Erziehung der Kinder der Mutter zusteht, wird im Ehescheidungsurtheile entschieden. Die Erziehung wird der Mutter dann zugesprochen, wenn nicht sie, sondern der Ehemann als der allein schuldige Theil erachtet wird. Sind beide schuldig, so muß das Urtheil darüber bestimmen, wem der Ehegatten die Erziehung zufallen soll.

§ 21.

Uneheliche Kinder theilen in dem Umfange des § 18 den Unterstützungswohnsitz der Mutter.

Anm. zu § 21. Hat die Mutter das 24. Lebensjahr noch nicht zurückgelegt, so ist der Unterstützungswohnsitz, welchen die unehelichen Kinder mit ihrer Mutter theilen, selbstverständlich identisch mit demjenigen des Großvaters, und für den Fall, daß Letzterer verstorben ist, identisch mit demjenigen der Großmutter. Nach zurückgelegtem 24. Lebensjahre der Mutter behalten deren Unterstützungswohnsitz die unehelichen Kinder derselben, auch selbst dann, wenn sie nach dem Tode der Mutter im Haushalte der Großeltern erzogen und erhalten werden, solange, bis sie selbst nach zurückgelegtem 24. Lebensjahre in die Lage kommen, selbstständig einen anderweitigen Unterstützungswohnsitz zu erwerben.

Verlust des Unterstützungswohnsitzes.

§ 22.

Der Verlust des Unterstützungswohnsitzes tritt ein durch

1. Erwerbung eines anderweitigen Unterstützungswohnsitzes,
2. zweijährige ununterbrochene Abwesenheit nach zurückgelegtem vierundzwanzigsten Lebensjahre.

Anm. zu § 22. Die § 22—27 handeln von dem Verluste des Unterstützungswohnsitzes. Der Verlust tritt auch ein durch die Schließung der Ehe zwischen dem mit einem Unterstützungswohnsitze versehenen Weibe und einem Landarmen.

§ 23.

Die zweijährige Frist läuft von dem Tage, an welchem die Abwesenheit begonnen hat.

Durch den Eintritt in eine Kranken-, Bewahr- oder Heilanstalt wird jedoch die Abwesenheit nicht begonnen.

Wo für ländliches oder städtisches Gesinde, Arbeitsleute, Wirthschaftsbeamte, Pächter oder andere Miethsleute der Wechsel des Wohnortes zu bestimmten, durch Gesetz oder ortsübliches Herkommen festgesetzten Terminen stattfindet, gilt der übliche Umzugstermin als Anfang der Abwesenheit, sofern nicht zwischen diesem Termine und dem Tage, an welchem die Abwesenheit wirklich beginnt, ein mehr als siebentägiger Zeitraum gelegen hat.

Anm. 1 zu § 23. Der Tag, an welchem die Abwesenheit beginnt, wird bei der Berechnung der zweijährigen Frist als voll gerechnet.

Anm. 2. Wegen der Bestimmungen in Abs. 2 und 3 vergleiche die Anmerkungen 2, 3, 4 und 5 zu § 11, welche auch hier zu beachten sind.

§ 24.

Ist die Abwesenheit durch Umstände veranlaßt, durch welche die Annahme der freien Selbstbestimmung bei der Wahl des Aufenthaltsortes ausgeschlossen wird, so beginnt der Lauf der zweijährigen Frist erst mit dem Tage, an welchem diese Umstände aufgehört haben.

Treten solche Umstände erst nach Beginn der Abwesenheit ein, so ruht während ihrer Dauer der Lauf der zweijährigen Frist.

Anm. zu § 24. Die Anmerkung zu § 12 finde auch hier sinngemäße Anwendung.

§ 25.

Als Unterbrechung der Abwesenheit wird die Rückkehr nicht angesehen, wenn aus den Umständen, unter welchen sie erfolgt, die Absicht erhellt, den Aufenthalt nicht dauernd fortzusetzen.

Anm. zu § 25. Die Rückkehr hat die Vermuthung der Unterbrechung der Abwesenheit für sich. Diese Vermuthung wird entkräftet, wenn die Rückkehr unter Umständen erfolgt, aus welchen die Absicht erhellt, den Aufenthalt nicht dauernd fortzusetzen. Der Inhalt der Anm. 1 zu § 13 findet auch hier sinngemäße Anwendung.

§ 26.

Die Anstellung oder Versetzung eines Geistlichen, Lehrers, öffentlichen oder Privatbeamten, sowie einer nicht bloß zur Erfüllung der Militairpflicht im Bundesheere oder in der Bundes-Kriegsmarine dienenden Militairperson gilt nicht als ein die freie Selbstbestimmung bei der Wahl des Aufenthaltsortes ausschließender Umstand.

Anm. zu § 26. Die Einstellung resp. Versetzung einer im Heere oder Marine als freiwillig dienenden Militairperson (excl. der Einjährig-Freiwilligen) gilt nicht als ein die freie Selbstbestimmung bei der Wahl des Aufenthalts ausschließender Umstand, und zwar deshalb nicht, weil der Freiwillige, ohne verpflichtet zu sein, eingetreten ist und somit nicht bloß zur Erfüllung der Militairpflicht dient.

Die Einstellung resp. Versetzung eines zur Fahne (zu Uebungen oder zum Kriege) einberufenen Reservisten und Landwehrmanns dagegen ist als ein die freie Selbstbestimmung ausschließender Umstand anzusehen. — cfr. im Uebrigen Anm. zu § 12. —

§ 27.

Der Lauf der zweijährigen Frist (§ 22) ruht

während der Dauer der von einem Armenverbande gewährten öffentlichen Unterstützung.

Er wird unterbrochen durch den von einem Armenverbande auf Grund der Bestimmung im § 5 des Gesetzes über die Freizügigkeit vom 1. November 1867 gestellten Antrag auf Anerkennung der Verpflichtung zur Uebernahme eines Hülfsbedürftigen. Die Unterbrechung erfolgt mit dem Tage, an welchem der also gestellte Antrag an den betreffenden Armenverband oder an die vorgesetzte Behörde eines der betheiligten Armenverbände abgesandt ist.

Die Unterbrechung gilt als nicht erfolgt, wenn der Antrag innerhalb zweier Monate weiter verfolgt oder wenn derselbe erfolglos geblieben ist.

Anm. zu § 27. Die Anmerkungen zu § 14 finden auch hier bei der Interpretation des § 27 sinngemäße Anwendung.

Pflichten und Rechte der Armenverbände.

§ 28.

Jeder hülfsbedürftige Norddeutsche muß vorläufig von demjenigen Ortsarmenverbande unterstützt werden, in dessen Bezirk er sich bei dem Eintritte der Hülfsbedürftigkeit befindet. Die vorläufige Unterstützung erfolgt vorbehaltlich des

Anspruches auf Erstattung der Kosten beziehungsweise auf Uebernahme des Hülfsbedürftigen gegen den hierzu verpflichteten Armenverband.

Anm. 1 zu § 28. Im § 28 korrespondirt die Pflicht der vorläufigen Unterstützung durch den vorläufig verpflichteten Armenverband mit dem Rechte desselben auf Erstattung der gehabten Unterstützungskosten resp. auf Abnahme des Hülfsbedürftigen Seitens des definitiv fürsorgepflichtigen Armenverbandes.

Anm. 2. Der vorläufig verpflichtete Armenverband ist derjenige, in dessen Bezirk die Hülfsbedürftigkeit in einer für die Ortsbehörde erkennbaren Weise hevorgetreten ist; der definitiv fürsorgepflichtige Armenverband ist der Armenverband des Unterstützungswohnsitzes des Hülfsbedürftigen event. in Ermangelung desselben der Landarmenverband, in dessen Bezirke die öffentliche Unterstützung gewährt ist.

Anm. 3. Als Vernachlässigung der vorläufigen Unterstützungspflicht tritt namentlich die Abweisung, insbesondere die Abschiebung d. h. die eigenmächtige Weiterbeförderung eines Hülfsbedürftigen in den Bezirk eines andern Armenverbandes hervor. Diese Vernachlässigung begründet wider den abschiebenden Armenverband einen Anspruch auf vorläufige Fürsorge resp. auf Erstattung der einem andern Armenverbande durch die Fürsorge des Abgeschobenen erwachsenen Kosten.

Anm. 4. Dem abschiebenden Armenverbande stehen folgende Einreden:

a) der Hülfsbedürftige sei ihm selbst zugeschoben,
b) die Hülfsbedürftigkeit sei schon vor der Abschiebung in dem Bezirke eines andern Armenverbandes hervorgetreten,

c) der Abgeschobene habe selbst die Weiterbeförderung gefordert,

deshalb nicht zu, weil die vorläufige Unterstützung eine zwingende Nothwendigkeit und die vorläufige Unterstützungspflicht unbedingt zu erfüllen ist. Aus diesem Grunde steht auch dem definitiv verpflichteten Armenverbande nicht die Einrede zu, daß an ihn der vorläufig Unterstützte hätte verwiesen oder befördert werden müssen.

Anm. 5. Die krasseste Form der Abschiebung ist die thatsächliche Ausweisung, welche auf Grund des § 6 des Freizügigkeitsgesetzes vom 1. November 1867 nicht eher erfolgen darf, bevor nicht entweder die Annahmeerklärung der in Anspruch genommenen Gemeinde oder eine wenigstens einstweilen vollstreckbare Entscheidung vorliegt.

Anm. 6. Die Formen, in welchen sich die Abschiebung äußert, sind sehr verschieden. Die jedem Falle zu Grunde liegenden Thatsachen sind dafür entscheidend, ob der abschiebende Armenverband sich einer Pflichtverletzung des § 28 schuldig gemacht hat. Das Charakteristische der einen Anspruch begründenden Abschiebung ist, daß der vorläufig verpflichtete Armenverband bei Verletzung der ihm nach § 28 obliegenden Pflicht einen Hülfsbedürftigen, statt ihm die erforderliche Unterstützung zu gewähren, an einen zur Unterstützung nicht verpflichteten Armenverband verweist und dieser dadurch in die Lage gebracht wird, sich der Erfüllung der früher hervorgetretenen Fürsorgepflicht zu unterziehen.

Der abschiebende Armenverband kann dagegen Seitens des definitiv fürsorgepflichtigen wegen Abschiebung nicht in Anspruch genommen werden.

Anm. 7. Der vorläufig verpflichtete Armenverband hat die Wahl, seinen Erstattungsanspruch zu verfolgen gegen den definitiv fürsorgepflichtigen Armenverband auf Grund des § 28 oder gegen Dritte auf Grund des § 62 aus anderen, als den durch das Gesetz begründeten Titeln.

Die Einrede der Vorausklage in dem einen oder dem andern Falle ist unbegründet.

Anm. 8. Ist die Hülfsbedürftigkeit eingetreten, so muß sich der Armenverband, in dessen Bezirke sie erkennbar wird, der Pflicht der Unterstützung ungesäumt unterziehen, wenn er sich nicht wegen etwaiger nachtheiligen Folgen der Ablehnung einer Unterstützung disziplinarisch oder gerichtlich verantwortlich machen will. Deshalb ist ihm das Recht der unmittelbaren Inanspruchnahme des definitiv fürsorgepflichtigen Armenverbandes gegeben und in § 59 die Bestimmung getroffen, daß in dem Falle, wenn ein Armenverband zur Zahlung der ihm endgültig auferlegten Kosten laut Bescheinigung der ihm vorgesetzten Behörde ganz oder theilweise außer Stande ist, der Staat, welchem er angehört, entweder mittelbar oder unmittelbar für die Erstattung zu sorgen hat. Wird der definitiv fürsorgepflichtige Armenverband in Anspruch genommen, so bleibt es ihm überlassen, von dritten Regreßpflichtigen Wiedererstattung zu fordern.

Anm. 9. Die Fälle der Hülfsbedürftigkeit sind mannigfaltig. Wann dieselbe als eingetreten anzusehen ist, läßt sich nur auf Grund der Thatsachen bestimmen und wird durch die kompetenten Spruchbehörden im Streitfalle entschieden. Im Allgemeinen kann man sagen, daß Hülfsbedürftigkeit vorliegt, wenn es Jemand an Obdach oder an dem unentbehrlichen Lebensunterhalte oder der erforderlichen Pflege in Krankheitsfällen fehlt und er sich momentan die zur Beschaffung erforderlichen Mittel nicht verschaffen kann; ferner wenn Jemand vermögenslos gestorben ist und die Angehörigen die zur angemessenen Beerdigung unumgänglich nothwendigen Kosten nicht aufbringen können.

§ 29.

Wenn Personen, welche im Gesindedienst stehen, Gesellen, Gewerbegehülfen, Lehrlinge an dem Orte ihres Dienstverhältnisses erkranken, so hat der Ortsarmenverband des Dienstortes die Verpflichtung, den Erkrankten die erforderliche Kur und Verpflegung zu gewähren. Ein Anspruch auf Erstattung der entstehenden Kur- und Verpflegungskosten beziehungsweise auf Uebernahme des Hülfsbedürftigen gegen einen anderen Armenverband erwächst nur, wenn die Krankenpflege länger, als sechs Wochen fortgesetzt wurde, und nur für den über diese Frist hinausgehenden Zeitraum.

Dem zur Unterstützung an sich verpflichteten Armenverbande muß spätestens sieben Tage vor Ablauf des sechswöchentlichen Zeitraums Nachricht von der Erkrankung gegeben werden, widrigenfalls die Erstattung der Kosten erst von dem, sieben Tage nach dem Eingange der Nachricht beginnenden Zeitraum an gefordert werden kann.

Schwangerschaft an sich ist nicht als eine Krankheit im Sinne der vorstehenden Bestimmung anzusehen.

Anm. 1 zu § 29. Während der § 28 das für das Armenpflegewesen normirende Prinzip feststellt, daß der vorläufig unterstützungsverpflichtete Armenverband wegen der durch die Unterstützung eines dort nicht unterstützungswohnsitzberechtigten Hülfsbedürftigen erwachsenen Kosten resp. wegen Uebernahme desselben den definitiv fürsorgepflichtigen Armenverband, in dessen Bezirke jener Hülfsbedürftige den Unterstützungswohnsitz hat, event. den Landarmenverband, in dessen Bezirke er sich beim Eintritte der Hülfsbedürftigkeit befand, in Anspruch nehmen kann, statuirt der § 29 eine Ausnahme dieser Regel, und zwar eine Ausnahme, welche darin besteht, daß rücksichtlich des Gesindes, der Gesellen, der Gewerbegehülfen und der Lehrlinge, welche an dem Orte ihres Dienstverhältnisses erkrankten, der Ortsarmenverband des Dienstorts verpflichtet ist, denselben während deren Erkrankung während der ersten 6 Wochen die erforderliche Kur und Verpflegung zu gewähren und den definitiv fürsorgepflichtigen Armenverband wegen der Kurkosten resp. wegen der Uebernahme nur für den über die 6wöchentliche Frist hinausgehenden Zeitraum in Anspruch nehmen kann. Voraussetzung für die Geltendmachung dieses Anspruchs ist, daß der Armenverband des Dienstorts den definitiv verpflichteten rechtzeitig, d. h. spätestens 7 Tage vor Ablauf der 6wöchigen Frist Nachricht von der Erkrankung gegeben hat. Diese Bestimmung ist nicht anwendbar auf Angehörige des Gesindes ꝛc., erstreckt sich dagegen auch auf Ausländer.

Anm. 2. Verletzt der Armenverband des Dienstorts die ihm durch § 29 auferlegte Pflicht durch Nichtgewährung resp. Abschiebung, so kann derselbe von dem Armenverbande, welcher nachher die Fürsorge übernimmt, in Anspruch genommen werden, selbstverständlich auch von dem definitiv fürsorgepflichtigen Armenverbande, weil dieser zur Gewährung von Kur und Verpflegung während der ersten 6 Wochen nicht verpflichtet ist.

Bei Abschiebungen kann der in der Fürsorge eintretende Armenverband nur den abschiebenden, nicht den Armenverband des Unterstützungswohnsitzes wegen der durch die Kur und Verpflegung während der ersten 6 Wochen entstandenen Kosten in Anspruch nehmen.

Anm. 3. Wenn das Gesinde 2c. freiwillig nach der Erkrankung den Dienstort verläßt, ohne die Hülfe des Ortsarmenverbandes desselben anzurufen, kann dieser wegen der Kur- und Verpflegungskosten nicht in Anspruch genommen werden, weil eine Pflichtverletzung Seitens desselben nicht vorliegt. Es ist also eine nothwendige Voraussetzung des Anspruchs wider den Armenverband des Dienstorts, daß dieser in Bezug auf die Nichtgewährung der öffentlichen Unterstützung pflichtwidrig gehandelt hat.

Anm. 4. Für den Anspruch ist nicht die nackte Thatsache der Erkrankung, sondern die durch die Erkrankung hervorgetretene Hülfsbedürftigkeit relevant. Dem Armenverbande des Dienstortes steht demnach die Einrede nicht zu, daß das Gesinde 2c. bereits vor dem Zuzuge an einem andern Orte erkrankt gewesen sei.

Anm. 5. Der § 29 macht in Betreff des in Anm. 1 dargelegten Princips eine Ausnahme nur in Bezug auf die Kur und Verpflegung. Stirbt also ein Dienstbote während des Dienstverhältnisses am Dienstorte, so sind die durch das Begräbniß erwachsenen Kosten von dem Armenverbande des Unterstützungswohnsitzes des Dienstboten einzufordern.

Anm. 6. Eine fernere Voraussetzung der Anwendung des § 29 ist, daß das Gesinde 2c. in einem Dienstverhältnisse zur Zeit der durch die Erkrankung eingetretenen Hülfsbedürftigkeit und der Inanspruchnahme der öffentlichen Hülfe thatsächlich gestanden hat. Die Verpflichtung des Armenverbandes des Dienstorts zur Gewährung der Kur und Verpflegung tritt deshalb nicht ein, wenn die auf Grund der Erkrankung geschehene Inanspruchnahme der öffentlichen Hülfe erst nach Auflösung des Dienstverhältnisses erfolgt, selbstverständlich mit der Voraussetzung, daß das Dienstverhältniß nicht einseitig oder mit Rücksicht auf die Erkrankung gelöst worden ist.

Anm. 7. Zum Gesinde werden nur diejenigen Dienstboten gerechnet, welche sich im Haushalte der Dienstherrschaft fortdauernd aufhalten, dort wohnen und beköstigt werden. Personen, welche im Haushalte leben, zur Verrichtung von häuslichen und wirthschaftlichen Dienstleistungen aber nicht engagirt sind, rechnen nicht zum Gesinde, z. B. Ammen, welche nur zur Ernährung von Säuglingen, nicht zur Verrichtung von häuslichen Dienstleistungen engagirt sind.

Anm. 8. Unter Gewerbegehülfen versteht man die im Sinne der Gewerbeordnung zum Betriebe ihres Gewerbes technisch ausgebildeten Arbeiter.

Anm. 9. Die 6wöchentliche Frist, während welcher der Armenverband des Dienstorts zur Kur und Verpflegung verpflichtet ist, läuft nicht vom Tage der Erkrankung, sondern von dem Tage, an welchem die durch die Erkrankung hervorgetretene Hülfsbedürftigkeit für die Behörde des Armenverbandes des Dienstorts erkennbar geworden ist.

Anm. 10. Die Krankenpflege des Gesindes 2c. muß 6 Wochen hindurch fortgesetzt werden, bevor der definitive fürsorgepflichtige Armenverband in Anspruch genommen werden kann. Die Zeit, während welcher die Krankenpflege durch Privatpflege unterbrochen wird, bleibt bei der Berechnung der qu. 6wöchentlichen Frist außer Betracht.

Anm. 11. Schwangerschaft incl. Entbindung gilt an sich d. h. bei normalem Verlaufe nicht als Krankheit im Sinne des Gesetzes. Wann ein nicht normaler Verlauf vorliegt und dann eine Krankheit angenommen wird, ist quaestio facti und nach medizinischen Grundsätzen zu entscheiden.

Werden schwangere und entbundene Dienstboten wegen Obdachlosigkeit, Mangel an Lebensunterhalt, Mangel an Pflege bei normalem Verlaufe der Schwangerschaft oder der Entbindung hülfsbedürftig, so kommen die Bestimmungen des § 28 in Anwendung d. h. der Armenverband des Dienstorts muß als vorläufig verpflichteter die Fürsorge übernehmen und ist dann berechtigt, gegen den definitiv fürsorgepflichtigen Armenverband die Erstattung der Kosten resp. die Uebernahme geltend zu machen.

Dem Letzteren steht deshalb der Einwand zu, daß eine durch den abnormen Zustand der Schwangerschaft herbeigeführte oder eine sonst hinzugetretene Krankheit vorliege.

Anm. 12. Die den Gemeinden durch die Bestimmungen des § 29 zugeschobene Armenlast ist in faktischer Beziehung erheblich erleichtert durch das Krankenversicherungsgesetz vom 15. Juni 1883, in Gemäßheit dessen die durch die Krankenpflege der Gesellen, Gewerbegehülfen, Lehrlinge, event. auch Dienstboten erwachsenen Kosten von den organisirten Krankenkassen getragen werden. Der Armenverband des Dienstorts, dessen Verpflichtung zur Krankenpflege während der ersten 6 Wochen bei eintretender Hülfsbedürftigkeit nach § 29 bestehen bleibt, wird in den meisten Fällen, in denen er zunächst in der Fürsorge eintreten muß, Regreß auch wider die Krankenkassen oder den die Anmeldung versäumenden Arbeitgeber nehmen können. Vor dem Krankenversicherungsgesetze stand den Gemeinden der Regreß nur wider den verpflegten Gesellen rc. und dessen alimentationspflichtige Verwandte zu.

§ 30.

Zur Erstattung der durch die Unterstützung eines hülfsbedürftigen Norddeutschen erwachsenen Kosten, soweit dieselben nicht in Gemäßheit des § 29 dem Ortsarmenverbande des Dienstortes zur Last fallen, sind verpflichtet:

a) wenn der Unterstützte einen Unterstützungswohnsitz hat, der Ortsarmenverband seines Unterstützungswohnsitzes;

b)* wenn der Unterstützte keinen Unterstützungswohnsitz hat, derjenige Landarmenverband, in dessen Bezirk er sich bei dem Eintritte der Hülfsbedürftigkeit befand oder, falls er im hülfsbedürftigen Zustande aus einer Straf-, Kranken-, Bewahr- oder Heilanstalt entlassen wurde, derjenige Landarmenverband, aus welchem seine Einlieferung in die Anstalt erfolgt ist.

Die Höhe der zu erstattenden Kosten richtet sich nach den am Orte der stattgehabten Unterstützung über das Maaß der öffentlichen Unterstützung Hülfsbedürftiger geltenden Grundsätzen, ohne daß dabei die allgemeinen Verwaltungskosten der Armenanstalten, sowie besondere Gebühren für die Hülfeleistung fest remunerirter Armenärzte in Ansatz gebracht werden dürfen.

Für solche bei der öffentlichen Unterstützung häufiger vorkommenden Aufwendungen, deren täglicher oder wöchentlicher Betrag sich in Pauschquanten feststellen läßt (z. B. Verpflegungssätze in Kranken- oder Armenhäusern), kann in jedem Bundesstaate, entweder für das ganze Staatsgebiet gleichmäßig oder bezirksweise verschieden, ein Tarif aufgestellt und öffentlich bekannt gemacht werden, dessen Sätze die Erstattungsforderung nicht übersteigen darf.

Anm. 1 zu § 30. Der § 30 handelt in Abs. 1 von den Armenverbänden, als verpflichteten Rechtssubjekten. Es ist erstattungspflichtig:

1. in erster Linie der Ortsarmenverband des Unterstützungswohnsitzes,
2. in Ermangelung eines Unterstützungswohnsitzes der Landarmenverband, und zwar:
   a) derjenige, in dessen Bezirke der Hülfsbedürftige sich bei dem Eintritte der Hülfsbedürftigkeit befand, resp.
   b) in dem Falle, wenn er im hülfsbedürftigen Zustande aus einer Straf-, Kranken-, Bewahr- oder Heilanstalt entlassen wurde, derjenige Landarmenverband, aus welchem seine Einlieferung in die Anstalt erfolgt ist.

Der Ortsarmenverband des Unterstützungswohnsitzes ist auch in dem Falle erstattungspflichtig, wenn dem

Landarmenverbande auf Grund landesgesetzlicher Vorschriften oder andern Verbänden (z. B. den Preußischen Kreisverbänden auf Grund des § 31 des Ausführungsgesetzes vom 8. März 1871) die Fürsorge für bestimmte Kranke (z. B. Irre) resp. die Aufbringung der betreffenden Pflegekosten zugewiesen ist. In solchen Fällen ist der Ortsarmenverband der zunächst verpflichtete und allein gerichtlich zu belangende Theil, welchem es überlassen bleibt, wider die obengenannten Verbände Regreß zu nehmen.

Anm. 2. Die Erstattungspflicht der Landarmenverbände tritt erst ein, wenn dem Unterstützten der Unterstützungswohnsitz fehlt. Der dessfallsige Beweis fällt dem wider den Landarmenverband klagenden Ortsarmenverbande zu. Ob der Beweis, dessen Führung viele Schwierigkeiten bieten kann, als erbracht anzusehen ist, hat die Spruchbehörde unter Berücksichtigung des gesammten Inhalts der Verhandlungen und des Ergebnisses der Beweisaufnahme nach freier Ueberzeugung zu entscheiden. Im Allgemeinen kann man sagen, daß der Landarmenverband als verpflichtet anzusehen ist, wenn die Beweisaufnahme bei freier Prüfung ergiebt, daß begründete Zweifel an der Landarmenqualität des Unterstützten nicht hervortreten.

Anm. 3. Als erstattungspflichtig ist derjenige Landarmenverband zu benehmen, in dessen Bezirke die Hülfsbedürftigkeit des Unterstützten in einer für die Behörden erkennbaren Weise hervorgetreten ist. Die Abschiebung eines Landarmen hat für die betheiligten Landarmenverbände dieselben rechtlichen Folgen, wie bei Abschiebungen unter Ortsarmenverbänden. — cfr. Anmerkungen zu § 28. — Irrelevant ist für die Folge der Erstattungspflicht der Umstand, ob der Landarme in dem Bezirke eines andern Landarmenverbandes faktisch in einer hülfsbedürftigen Lage sich befunden hat, ohne daß er die öffentliche Armenpflege in Anspruch genommen hat oder ohne daß die Hülfsbedürftigkeit in einer für die Behörden erkennbaren Weise hervorgetreten ist.

Anm. 4. Welcher ist der verpflichtete Landarmenverband, wenn diejenigen landarmen Personen, welche sonst den Unterstützungswohnsitz Anderer (des Ehemannes, des Vaters oder der Mutter) theilen würden, von diesen getrennt in einem andern Landarmenverbandsbezirke sich aufhaltend, hülfsbedürftig werden? Diese Frage ist dahin zu beantworten, daß derjenige Landarmenverband verpflichtet ist, in dessen Bezirke die Hülfsbedürftigkeit jener Personen in einer erkennbaren Weise zuerst hervorgetreten ist. Dieser so verpflichtete Landarmenverband ist auch in Betreff desjenigen, dessen Unterstützungswohnsitz sonst getheilt würde, verpflichtet, wenn derselbe (also der Ehemann, Vater resp. Mutter) während der öffentlichen Unterstützung der Angehörigen selbst hülfsbedürftig wird.

Anm. 5. Die Verpflichtung des zuständigen Landarmenverbandes dauert unausgesetzt bis zum Aufhören der entstandenen Hülfsbedürftigkeit des Landarmen fort, selbst auch dann, wenn derselbe in den Bezirk eines andern Landarmenverbandes verzieht.

Anm. 6. Für denjenigen Landarmen, welcher im hülfsbedürftigen Zustande aus einer Straf-, Kranken-, Bewahr- oder Heilanstalt entlassen wird (also auch für einen entlassenen landarmen Untersuchungsgefangenen), ist ausnahmsweise derjenige Landarmenverband erstattungspflichtig, aus welchem seine Einlieferung in die Anstalt erfolgt ist. Irrelevant ist es, welche staatliche Behörde die Einlieferung angeordnet hat.

Anm. 7. Der Abs. 2 des § 30 handelt von der

Höhe der zu erstattenden Kosten. Dieselbe richtet sich nach den am Orte der vorläufigen Unterstützung über das Maaß derselben geltenden Grundsätzen. Im Streitfalle muß der fordernde Armenverband die Umstände, welche die Höhe der nicht tarifmäßigen Kosten rechtfertigen sollen, so darlegen, daß die Spruchbehörde die Angemessenheit resp. Nothwendigkeit der Kosten zu erkennen vermag. Im Uebrigen vergl. Anm. zu § 8. — Hat der Armenverband der vorläufigen Unterstützung den Hülfsbedürftigen nicht am eigenen Orte kuriren und verpflegen lassen, so sind die dadurch entstehenden Mehrkosten dem definitiv fürsorgepflichtigen nur in dem Falle in Anrechnung zu bringen, wenn sich die Kur zur Beseitigung der Krankheit des Hülfsbedürftigen an einem andern Orte (z. B. wegen Operation, welche an dem eigenen Orte nicht möglich sind) unumgänglich vernothwendigt.

Anm. 8. Bei der Berechnung der von einem Armenverbande zu erstattenden Kosten dürfen nicht in Ansatz gebracht werden die allgemeinen Verwaltungskosten der Armenanstalten sowie besondere Gebühren für die Hülfeleistung fest remunerirter Aerzte. Zu den allgemeinen Verwaltungskosten rechnen alle diejenigen, welche durch die Verwaltung der Anstalt ohne Rücksicht auf den einzelnen Armenpflegefall entstehen. Es können danach unter Armenverbänden nur solche Kosten zur Erstattung gelangen, welche speziell durch die besondere Pflege des Unterstützten veranlaßt sind. Bei außergewöhnlichen Aufwendungen muß im Streitfalle der fordernde Armenverband die zutreffenden Thatsachen erweisen, welche jene Aufwendungen als für den einzelnen Fall zur Genügung der Armenpflege nothwendig darzustellen vermögen.

Anm. 9. Unter Armenanstalten sind zu verstehen

alle im öffentlichen Interesse zum Zwecke der Genügung der Armenpflege bestehenden Anlagen und Einrichtungen.

Anm. 10. Der Abs. 3 des § 30 handelt von den Tarifen, welche für solche bei der öffentlichen Unterstützung häufiger vorkommenden Aufwendungen aufgestellt werden können, deren täglicher oder wöchentlicher Betrag sich in Pauschquanten feststellen läßt. Normirend sind solche Tarife nur dann, wenn sie von den zuständigen Landesbehörden festgestellt sind. Tarife, welche von der einzelnen Behörde des Unterstützungsorts einseitig erlassen werden, haben für die erstattungspflichtigen Armenverbände keine verbindliche Kraft. Die landesgesetzlich erlassenen Tarife sind nur für die demselben Lande angehörigen Armenverbände unbedingt normirend.

§ 31.

Der nach der Vorschrift des § 30 zur Kostenerstattung verpflichtete Armenverband ist zur Uebernahme eines hülfsbedürftigen Norddeutschen verpflichtet, wenn die Unterstützung aus anderen Gründen als wegen einer nur vorübergehenden Arbeitsunfähigkeit nothwendig geworden ist (§ 5 des Gesetzes über die Freizügigkeit vom 1. November 1867, Bundesgesetzbl. S. 55).

Anm. 1 zu § 31. Der in Bezug genommene § 5 des Gesetzes über die Freizügigkeit vom 1. November 1867 lautet: „Offenbart sich nach dem Anzuge die Nothwendigkeit einer öffentlichen Unterstützung, bevor der neu Anziehende an dem Aufenthaltsorte einen Unterstützungswohnsitz (Heimathsrecht) erworben hat, und weist die Gemeinde nach, daß die Unterstützung aus anderen Gründen, als wegen einer nur vorübergehenden Arbeitsunfähigkeit nothwendig geworden ist, so kann die Fortsetzung des Aufenthalts versagt werden." Während in diesem § 5 das Recht des vorläufigen Unterstützungsorts ausgesprochen ist, einen neu anziehenden Hülfsbedürftigen aus andern Gründen als wegen einer nur vorübergehenden Arbeitsunfähigkeit die Fortsetzung des Aufenthalts zu versagen, so statuirt der § 31 des Unterstützungswohnsitzes die Pflicht des definitiv fürsorgepflichtigen Armenverbandes, den Hülfsbedürftigen aus gleichen Gründen in eigene Fürsorge zu übernehmen. Wohl zu beachten ist aber, daß die thatsächliche Ausweisung eines Hülfsbedürftigen aus einem Orte niemals erfolgen darf, bevor nicht entweder die Annahme-Erklärung der in Anspruch genommenen Gemeinde oder eine wenigstens einstweilen vollstreckbare Entscheidung über die Fürsorgepflicht erfolgt ist. (cfr. § 6 des Freizügigkeitsgesetzes vom 1. November 1867).

Anm. 2. Im Gegensatze zur dauernden Hülfsbedürftigkeit liegt eine vorübergehende schon dann vor, wenn sich absehen läßt, daß das Unterstützungsbedürfniß binnen einer bestimmten nicht allzu langen Zeit aufhören werde. So wird bei akuten Erkrankungen in der Regel eine vorübergehende Hülfsbedürftigkeit anzunehmen sein. Wann im übrigen solche vorübergehende Hülfsbedürftigkeit vorliegt, wird nach den begleitenden Umständen zu entscheiden sein.

Anm. 3. Die Verpflichtung zur Uebernahme tritt erst dann ein, wenn die Hülfsbedürftigkeit des zu Uebernehmenden in einer für die zuständige Behörde erkennbaren Weise hervorgetreten ist. — Die bloße Besorgniß künftiger Verarmung und dadurch eintretender Hülfsbedürftigkeit kann die Verpflichtung zur Uebernahme nicht begründen.

Anm. 4. Der Anspruch auf Uebernahme erlischt, sobald die Gründe wegfallen, aus welchen die Unterstützung eines Hülfsbedürftigen nothwendig geworden ist und nach menschlicher Berechnung anzunehmen ist, daß die Gründe voraussichtlich binnen der nächsten Zeit nicht wieder eintreten werden.

Anm. 5. Irrelevant für die Uebernahmepflicht ist es, ob die nothwendig gewordene Unterstützung eine fortlaufende, oder nur eine periodisch in bestimmten Zwischenräumen wiederkehrende ist, sowie ob die nothwendig gewordene Unterstützung von Seiten des Armenverbandes des Aufenthaltsorts oder von einem andern Armenverbande gewährt worden ist.

§ 32.

Der zur Uebernahme eines hülfsbedürftigen Norddeutschen verpflichtete Armenverband kann — soweit nicht auf Grund der §§ 55 und 56 etwas Anderes festgestellt worden ist — die Ueberführung desselben in seine unmittelbare Fürsorge verlangen.

Die Kosten der Ueberführung hat der verpflichtete Armenverband zu tragen.

Beantragt hiernach der zur Uebernahme eines Hülfsbedürftigen verpflichtete Armenverband dessen Ueberführung, und diese unterbleibt oder verzögert sich durch die Schuld des Armenverbandes, welcher zur vorläufigen Unterstützung desselben verpflichtet, so verwirkt der letztere dadurch für die Folgezeit beziehungsweise für die Zeit der Verzögerung den Anspruch auf Erstattung der Kosten.

Anm. 1 zu § 32. Die in § 31 beregte Pflicht der Uebernahme eines Hülfsbedürftigen korrespondirt mit dem in § 32 statuirten Rechte des definitiv fürsorgepflichtigen Armenverbandes, die Ueberführung des Hülfsbedürftigen in seine unmittelbare Fürsorge zu verlangen.

Anm. 2. Der zur Uebernahme verpflichtete Armenverband kann die Ueberführung nur in dem Falle verlangen, wenn die Unterstützung des zu Uebernehmenden aus anderen Gründen als wegen einer nur vorübergehenden Arbeitsunfähigkeit nothwendig geworden ist. — cfr. Anm. zu § 31. — Es kann also die Ueberführung eines vorübergehend arbeitsunfähig gewordenen Hülfsbedürftigen nicht verlangt werden d. h. nicht mit der Rechtsfolge, daß bei der Unterlassung oder bei einer verschuldeten Verzögerung der Ueberführung der Kostenerstattungsanspruch für die Folgezeit ganz resp. für die Zeit der Verzögerung erlischt.

Anm. 3. Die Ueberführung hat der Armenverband des Aufenthalts des Hülfsbedürftigen zu bewirken, dagegen sind die Ueberführungskosten von dem übernahmepflichtigen Armenverbande zu tragen. Der erstere Armenverband kann seine Verpflichtung, die Ueberführung zu beschaffen, nicht dadurch ablehnen, daß er dem die Ueberführung verlangenden Armenverbande anheim giebt, den zu Uebernehmenden selbst am Aufenthaltsorte in Empfang zu nehmen und von dort abzuholen.

Anm. 4. In dem Antrage, welcher die in § 32 Abs. 3 ausgesprochene Folge (d. h. Verwirkung des Kostenerstattungsanspruchs) haben soll, muß die Ueberführung ausdrücklich verlangt sein. Auch muß der Antrag bei der kompetenten Behörde d. h. derjenigen, welche den Armenverband des Aufenthalts des zu Ueberführenden vertritt, eingereicht werden, wenn die Verwirkung des Kostenerstattungsanspruchs eintreten soll.

Anm. 5. Wann die Ueberführung durch die Schuld des Armenverbandes verzögert ist, hängt von den die Verzögerung veranlassenden Thatsachen ab.

§ 33.

Muß ein Norddeutscher, welcher keinen Unterstützungswohnsitz hat, auf Verlangen ausländischer Staatsbehörden aus dem Auslande übernommen werden, und ist bei der Uebernahme der Fall der Hülfsbedürftigkeit vorhanden, oder tritt derselbe innerhalb sieben Tagen nach erfolgter Uebernahme ein, so liegt die Verpflichtung zur Erstattung der Kosten der Unterstützung, beziehungsweise zur Uebernahme des Hülfsbedürftigen demjenigen Bundesstaate ob, innerhalb dessen der Hülfsbedürftige seinen letzten Unterstützungswohnsitz gehabt hat, mit der Maßgabe, daß es jedem Bundesstaate überlassen bleibt, im Wege der Landesgesetzgebung diese Verpflichtung auf seine Armenverbände zu übertragen.

Anm. 1 zu § 33. Der § 33 handelt von der Kostenerstattungs- resp. Uebernahmepflicht desjenigen deutschen Staates, in dessen Bezirke ein hülfsbedürftig gewordener landarmer Deutscher nach seiner Uebernahme aus dem Auslande seinen letzten Unterstützungswohnsitz gehabt hat. Voraussetzung dieser Pflicht ist:

a) daß die ausländische Staatsbehörde die Uebernahme verlangt hat, und
b) daß die Hülfsbedürftigkeit zur Zeit der Uebernahme vorhanden ist oder innerhalb 7 Tagen nach erfolgter Uebernahme eintritt.

Anm. 2. Unter „ausländische Staatsbehörde“ ist zu verstehen diejenige ausländische Behörde, welche berechtigt ist, die Uebernahme eines Hülfsbedürftigen zu verlangen.

Anm. 3. Ausland im Sinne des Gesetzes sind diejenigen Länder, welche nicht zum Geltungsbereiche des Unterstützungswohnsitzgesetzes gehören. Deshalb gilt auch das Königreich Bayern als Ausland im Sinne des § 33, ebenso Elsaß-Lothringen.

Anm. 4. Zur Erstattung der Kosten der Unterstützung resp. zur Uebernahme des Hülfsbedürftigen ist verpflichtet derjenige Staat, innerhalb dessen der Hülfsbedürftige seinen letzten Unterstützungswohnsitz gehabt hat. Voraussetzung dieser Pflicht ist nicht die Thatsache, daß der Hülfsbedürftige solchen Unterstützungswohnsitz gerade zur Zeit, als er Deutschland verlassen hat und in das Ausland übergesiedelt ist, gehabt hat. War der Hülfsbedürftige zu jener Zeit Landarmer, so ist derjenige Staat verpflichtet, in dessen Bezirke er seinen letzten Unterstützungswohnsitz hatte; nicht derjenige Staat, dessen Landarmenverbande vor seiner Entfernung die öffentliche Unterstützung des Landarmen oblag.

Anm. 5. Preußen hat die in § 33 beregte Verpflichtung auf seine Landarmenverbände übertragen, und zwar in § 37 des Preußischen Ausführungsgesetzes vom 8. März 1871, welcher lautet: Muß ein Deutscher, welcher keinen Unterstützungswohnsitz hat, auf Verlangen ausländischer Staatsbehörden aus dem Auslande übernommen werden, so liegt die Verpflichtung zur Erstattung der Kosten der Unterstützung beziehungsweise zur Uebernahme des Hülfsbedürftigen demjenigen Landarmenverbande ob, innerhalb dessen der Hülfsbedürftige seinen letzten Unterstützungswohnsitz gehabt hat. Läßt sich dieser Unterstützungswohnsitz nicht ermitteln, so ist derjenige Landarmenverband zur Tragung der Kosten verpflichtet, in dessen Bezirk die Hülfsbedürftigkeit hervorgetreten ist.

Verfahren in Streitsachen der Armenverbände.

Einleitung.

§ 34.

Muß ein Ortsarmenverband einen hülfsbedürftigen Norddeutschen, welcher innerhalb desselben seinen Unterstützungswohnsitz nicht hat, unterstützen, so hat der Ortsarmenverband zunächst eine vollständige Vernehmung des Unterstützten über seine Heimaths-, Familien- und Aufenthaltsverhältnisse zu bewirken, und sodann den Anspruch auf Erstattung der aufgewendeten beziehungsweise aufzuwendenden Kosten bei Vermeidung des Verlustes dieses Anspruchs binnen sechs Monaten nach begonnener Unterstützung bei dem vermeintlich verpflichteten Armenverbande mit der Anfrage anzumelden, ob der Anspruch anerkannt wird.

Ist der verpflichtete Armenverband nicht zu ermitteln, so hat die Anmeldung Behufs Wahrung des erhobenen Erstattungsanspruchs innerhalb der oben normirten Frist von sechs Monaten bei der zuständigen vorgesetzten Behörde des betheiligten Armenverbandes zu erfolgen.

Ist nach der Ansicht des unterstützenden Ortsarmenverbandes der Fall dazu angethan, dem Unterstützten die Fortsetzung des Aufenthalts nach § 5 des Gesetzes über die Freizügigkeit vom 1. November 1867 (Bundesgesetzbl. S. 55 ff.) zu versagen, und will der Ortsarmenverband von der bezüglichen Befugniß Gebrauch machen, so ist dies in der Benachrichtigung ausdrücklich zu bemerken.

Anm. 1 zu § 34. Die §§ 34—39 incl. behandeln das Verfahren in Streitsachen der Armenverbände.

Anm. 2. Das Bundesamt für das Heimathswesen hat entschieden, daß nicht bloß die Ortsarmenverbände, sondern auch die Landarmenverbände bei Geltendmachung eines Kostenerstattungsanspruchs einen solchen bei Vermeidung des Verlustes desselben binnen 6 Monaten, gerechnet vom Tage der begonnenen Unterstützung an, anmelden müssen.

Anm. 3. Der Anspruch auf Uebernahme des Hülfsbedürftigen unterliegt der in § 34 festgestellten

Verjährung bei Unterlassung der vorgeschriebenen Anmeldung nicht.

Anm. 4. Bei Verspätung der Anmeldung verjährt nur der Anspruch auf Erstattung der Kosten, welche in dem über die letzten 6 Monate zurückliegenden Zeitraume entstanden sind.

Anm. 5. Die bloße Anmeldung soll den Zweck haben, den Anspruch für die Zukunft zu sichern. Es kann deshalb die Klage nach rechtzeitig geschehener Anmeldung jederzeit erhoben werden.

Anm. 6. Die Anmeldung muß bei dem zur Erstattung der Kosten verpflichteten Armenverbande erfolgen. Ist ein solcher nicht zu ermitteln, so ist der Kostenanspruch bei der zuständigen vorgesetzten Behörde anzumelden. Diese vorgesetzte Behörde ist in Preußen der Königliche Regierungspräsident des betreffenden Regierungsbezirks, welchem der anmeldende Armenverband angehört.

Anm. 7. Gegen eine innerhalb 6 Monaten anhängig gemachte Klage kann zum Zwecke der Abweisung der Einwand nicht erhoben werden, daß die in § 34 vorgeschriebene Anmeldung und Anfrage unterlassen sei.

Anm. 8. Falls ein Ortsarmenverband auf Grund des § 5 des Freizügigkeitsgesetzes vom 1. November 1867 von der Ausweisung eines neu angezogenen Hülfsbedürftigen Gebrauch machen will, muß dies in der Benachrichtigung ausdrücklich bemerkt werden. Ohne solche vorherige Anzeige und ohne die vorherige Annahmeerklärung Seitens des benachrichtigten Armenverbandes darf eine thatsächliche Ausweisung eines Hülfsbedürftigen nicht erfolgen.

§ 35.

Geht auf die erlassene Anzeige innerhalb vierzehn Tagen nach dem Empfange derselben eine zustimmende Antwort des in Anspruch genommenen Armenverbandes nicht ein, so gilt dies einer Ablehnung des Anspruchs gleich.

§ 36.

Jeder Armenverband ist berechtigt, seine Ansprüche gegen einen anderen Armenverband auf dem durch dieses Gesetz bezeichneten Wege selbstständig und unmittelbar vor den zur Entscheidung, sowie zur Vollstreckung derselben berufenen Behörden zu verfolgen.

Anm. zu § 36. In den s. g. Kreisordnungsprovinzen Preußens (Ost- und Westpreußen, Brandenburg, Pommern, Schlesien und Sachsen) sind für Streitsachen der Armenverbände wegen öffentlicher Unterstützung Hülfsbedürftiger in erster Instanz die Bezirksausschüsse zuständig. Diese Streitsachen werden im Verwaltungsstreitverfahren entschieden. — cfr. § 39 des Zuständigkeitsgesetzes vom 1. August 1883. —

§ 37.

Streitigkeiten zwischen verschiedenen Armenverbänden über die öffentliche Unterstützung Hülfsbedürftiger werden, wenn die streitenden Theile einem und demselben Bundesstaate angehören, auf dem durch Landesgesetze vorgeschriebenen Wege entschieden.

Gehören die streitenden Armenverbände verschiedenen Bundesstaaten an, so finden die nachfolgenden Vorschriften der §§ 38—51 dieses Gesetzes Anwendung.

Anm. 1 zu § 37. Für jeden Staat des deutschen Reichs sind Spruchbehörden errichtet, welche über Streitigkeiten zwischen Armenverbänden wegen öffentlicher Unterstützung Hülfsbedürftiger im Verwaltungsstreitverfahren entscheiden. Dieses Streitverfahren findet nur bei Streitigkeiten zwischen Armenverbänden im Sinne des Unterstützungswohnsitzgesetzes Anwendung. Gegenstand des Streitverfahrens sind nur Streitigkeiten über die öffentliche Unterstützung Hülfsbedürftiger, also nur Streitigkeiten, welche sich auf eine Bestimmung des öffentlichen Armenrechts stützen, dagegen nicht solche Streitigkeiten, welche der Entscheidung im Civilprozeßverfahren unterliegen.

Anm. 2. Unter „öffentliche Unterstützung Hülfsbedürftiger" ist auch die Uebernahme der vorläufigen Unterstützung begriffen.

Anm. 3. Die Kompetenz der Spruchbehörden erstreckt sich insbesondere auf:

a) Klagen, welche sich auf § 28 des Unterstützungswohnsitzgesetzes stützen.
b) Klagen auf Uebernahme der vorläufigen Fürsorge wider den abschiebenden Orts- oder Landarmenverband,
c) Klagen auf Wiedererstattung von Kosten, welche ein Armenverband irrthümlich gezahlt hat.
d) Klagen auf Uebernahme eines Hülfsbedürftigen, welchen ein Armenverband irrthümlich, ohne verpflichtet zu sein, übernommen hat,

e) Klagen wider den abschiebenden Armenverband des Dienstorts wegen Kostenerstattung und Uebernahme auf Grund des § 29,

f) Klagen überhaupt für Ansprüche, welche einem Armenverbande wider den andern auf Grund einer Bestimmung des öffentlichen Armenrechts in Gemäßheit des Reichsgesetzes vom 6. Juni 1870 und der dazu erlassenen Ausführungsgesetze zustehen.

Anm. 4. Wenn ein Armenverband von seiner vorgesetzten Aufsichtsbehörde zur Erfüllung der ihm obliegenden Pflicht, sich der Unterstützung eines Hülfsbedürftigen zu unterziehen, angehalten wird, so ist eine etwaige Beschwerde nicht im Verwaltungsstreitverfahren, welches nur für Streitigkeiten zwischen Armenverbänden zuständig ist, anzubringen, sondern im gesetzlich angeordneten Instanzenwege zum Austrage zu bringen.

Anm. 5. Beschwerden von Armen gegen Verfügungen von Ortsarmenverbänden darüber, ob, in welcher Höhe und in welcher Weise Armenunterstützungen zu gewähren sind, unterliegen in Preußen:

a) sofern eine Stadt von mehr als 10,000 Einwohnern an dem Armenverbande betheiligt ist, der endgültigen Beschlußfassung des Bezirksausschusses,

b) andernfalls der endgültigen Beschlußfassung des Kreisausschusses. — cfr. § 41 des Zuständigkeitsgesetzes vom 1. August 1883. —

Beschwerden von Armen gegen Verfügungen der Landarmenverbände über die Art und Höhe der Unterstützung unterliegen der endgültigen Beschlußfassung des Bezirksausschusses, sofern die Landarmenverbände nur aus einem Kreise bestehen. — cfr. § 41 des Zuständigkeitsgesetzes. —

Anm. 6. Beschwerden von Ortsarmenverbänden

gegen Verfügungen der Landarmenverbände, ob, in welcher Höhe und in welcher Weise Beihülfen zu gewähren sind (§ 36 des Gesetzes vom 8. März 1871), unterliegen der endgültigen Beschlußfassung des Provinzialraths. — cfr. § 42 des Zuständigkeitsgesetzes vom 1. August 1883. —

Entscheidung.

§ 38.

Lehnt ein Armenverband den gegen ihn erhobenen Anspnuch auf Erstattung der Kosten oder auf Uebernahme eines Hülfsbedürftigen ab, so wird auf Antrag desjenigen Armenverbandes, welcher die öffentliche Unterstützung vorläufig zu gewähren genöthigt ist, über den erhobenen Anspruch im Verwaltungswege durch diejenige Spruchbehörde entschieden, welche dem in Anspruch genommenen Armenverbande vorgesetzt ist.

Die Zuständigkeit, den Instanzenzug, sowie das Verfahren regelt innerhalb jeden Bundesstaates, vorbehaltlich der Vorschriften dieses Gesetzes, die Landesgesetzgebung.

Anm. 1 zu § 38. Gegen den einen Kostenerstattungs- resp. Uebernahmeanspruch ablehnenden Armenverband giebt es jetzt in Preußen zwei Verfahren, und zwar:

a) das Verwaltungsstreitverfahren vor der dem zu verklagenden Armenverbande vorgesetzten Spruchbehörde (dem Bezirksausschusse) auf Grund des § 38,

b) das schiedsrichterliche und sühneamtliche Vermittelungsverfahren vor dem Kreisausschusse auf Grund des § 43 des Zuständigkeitsgesetzes vom 1. August 1883.

Anm. 2. Das schiedsrichterliche und sühneamtliche Vermittelungsverfahren ist angeordnet in § 60 des Preußischen Ausführungsgesetzes vom 8. März 1871 und fand früher statt vor der aus dem Landrathe und zwei Kreistagsmitgliedern bestehenden Kreiskommission. Der § 43 des Zuständigkeisgesetzes hat an Stelle der Kreiskommission den Kreisausschuß gesetzt.

Anm. 3. Die Streitigkeiten, in denen ein Ortsarmenverband von einem andern Preußischen Armenverbande in Anspruch genommen wird, können auf Antrag beider streitenden Theile der schiedsrichterlichen Entscheidung (schiedsrichterliches Vermittelungsverfahren) oder auf Antrag eines Theils vor Anhängigmachung des Streits einem gütlichen Sühneversuche (sühneamtliches Vermittelungsverfahren) unterliegen. — cfr. § 60 des Gesetzes vom 8. März 1871. —

Anm. 4. Im Verwaltungsstreitverfahren ist in den s. g. Kreisordnungsprovinzen Preußens der Bezirksausschuß in erster Instanz zuständig. Das Verfahren wird geregelt durch die Vorschriften des Landesverwaltungsgesetzes vom 30. Juli 1883 §§ 61—114 mit den aus den §§ 42—52 des Unterstützungswohnsitzgesetzes sich ergebenden Beschränkungen.

Anm. 5. Das Verwaltungsstreitverfahren tritt ein nur bei Streitigkeiten, welche sich auf eine Bestimmung des öffentlichen Armenrechts stützen, nicht aber für solche Streitigkeiten, welche, auf dem Boden des Civilrechts sich bewegend, zur Kompetenz der Civilgerichte gehören.

Anm. 6. Das Bundesamt für das Heimathswesen

hat entschieden, daß eine Verbindung mehrerer Klagen gegen verschiedene Armenverbände (Klagenkumulation) zulässig ist, und zwar dann, wenn aus der Verbindung mehrerer Klagen eines Armenverbandes wider mehrere derselben Spruchbehörde unterstellten Armenverbände, insbesondere aus der gemeinschaftlichen Verhandlung aller Ansprüche eine Verwirrung oder Verschleppung des Verfahrens nicht droht.

Anm. 7. Das Bundesamt für das Heimathswesen hat anerkannt, daß es geeignetenfalls zulässig sei, in dem Verwaltungsstreitverfahren die Verhandlung über die Liquidation des Klageobjekts (die Unterstützungskosten) auszusetzen und einem Separatverfahren vorzubehalten.

Ein solches Separatverfahren tritt schon eo ipso ein, wenn ein verklagter Armenverband verurtheilt wird, nicht bloß die bisher entstandenen, sondern auch die künftig entstehenden Armenpflegekosten zu erstatten. Diese letzteren Kosten müssen nach ihrer späteren Entstehung besonders liquidirt werden.

Anm. 8. Die Zuständigkeit der Spruchbehörde, den Instanzenzug, sowie das Verfahren regelt innerhalb jeden Staates die Landesgesetzgebung vorbehaltlich der Vorschriften des Unterstützungswohnsitzgesetzes.

In Preußen ist geregelt:

a) die Zuständigkeit der Spruchbehörde in erster Instanz (Bezirksausschuß) durch § 39 des Zuständigkeitsgesetzes vom 1. August 1883.
b) der Instanzenzug durch § 41 des Unterstützungswohnsitzgesetzes. Die Berufung gegen die Entscheidungen des Bezirksausschusses gehen an das Bundesamt für das Heimathswesen in Berlin.
c) das Verfahren vor dem Bezirksausschusse durch die Vorschriften des Landesverwaltungsgesetzes vom 30.

Juli 1883 §§ 61—81, §§ 102—114; das Verfahren vor dem Bundesamte für das Heimathwesen durch das Unterstützungswohnsitzgesetz §§ 42—52.

Anm. 9. Kosten des Verwaltungsstreitverfahrens vor dem Bezirksausschusse für Vertretung und Wahrnehmung der Termine. Die Gebühren eines Rechtsanwalts des obsiegenden Theils hat der unterliegende Theil nur in soweit zu erstatten, als dieselben für Wahrnehmung der mündlichen Verhandlungen vor dem Bezirksausschusse zu zahlen sind. An baaren Auslagen für die persönliche Wahrnehmung der mündlichen Verhandlung kann die obsiegende Partei nicht mehr in Anspruch nehmen, als die gesetzlichen Gebühren eines Rechtsanwalts betragen haben würden, es sei denn, daß ihr persönliches Erscheinen vor dem Bezirksausschusse angeordnet war. Die Gebühren der Rechtsanwälte bestimmen sich nach den für dieselben bei den ordentlichen Gerichten geltenden Vorschriften. Im Endurtheile ist der Werth des Streitobjekts festzustellen. — cfr. § 102 des Landesverwaltungsgesetzes vom 30. Juli 1883. —

Anm. 10. Die Klage ist bei dem Bezirksausschusse schriftlich einzureichen. In der Klage ist ein bestimmter Antrag zu stellen, und sind der beklagtische Armenverband, der Gegenstand des Anspruchs sowie die den Antrag begründenden Thatsachen genau zu bezeichnen.

§ 39.

Die zur Entscheidung zuständigen Landesbehörden sind befugt, Untersuchungen an Ort und Stelle zu veranlassen, Zeugen und Sachverständige zu laden und eidlich zu vernehmen, überhaupt den angetretenen Beweis in vollem Umfange zu erheben.

Anm. 1 zu § 39. Die in § 39 ausgesprochene Befugniß ist in Preußen in Bezug auf das Verwaltungsstreitverfahren vor dem Bezirksausschusse durch die §§ 76 und 77 des Landesverwaltungsgesetzes vom 30. Juli 1883 erweitert. Diese Paragraphen lauten:

§ 67. Das Gericht ist befugt — geeigneten Falls schon vor Anberaumung der mündlichen Verhandlung — Untersuchungen an Ort und Stelle zu veranlassen, Zeugen und Sachverständige zu laden und eidlich zu vernehmen, überhaupt den angetretenen oder nach dem Ermessen des Gerichts erforderlichen Beweis in vollem Umfange zu erheben.

§ 77. Das Gericht kann die Beweiserhebung durch eines seiner Mitglieder oder erforderlichen Falls durch eine zu dem Ende zu ersuchende sonstige Behörde bewirken lassen. Es kann verordnen, daß die Beweiserhebung in der mündlichen Verhandlung stattfinden soll.

Die Beweisverhandlungen sind unter Zuziehung eines vereidigten oder von der betreffenden Behörde durch Handschlag zu verpflichtenden Protokollführers aufzunehmen; die Parteien sind zu denselben zu laden.

Anm. 2. In dem Verwaltungsstreitverfahren ist die Angabe von Beweismitteln in der Klage nicht erforderlich.

Anm. 3. Hinsichtlich der Verpflichtung, sich als Zeuge oder Sachverständiger vernehmen zu lassen, sowie hinsichtlich der im Falle des Ungehorsams zu verhängenden Strafen im Verwaltungsstreitverfahren vor dem Bezirksausschusse kommen die Bestimmungen der bürgerlichen Prozeßgesetze mit der Maßgabe zur Anwendung, daß im Falle des Ungehorsams die zu erkennende Geldbuße den Betrag von 150 Mark nicht übersteigen darf. — cfr. § 78 des Landesverwaltungsgesetzes vom 30. Juli 1883. —

Anm. 4. Die Spruchbehörde ist nicht gebunden an die von den Parteien vorgebrachten Beweismittel, sie kann vielmehr auf jedes ihr geeignet erscheinende Beweismittel reccurriren und insbesondere auch ihre Entscheidungen auf anderweitig gerichtlich bekannte Thatsachen stützen.

§ 40.

Die Entscheidung erfolgt durch schriftlichen, mit Gründen versehenen Beschluß; sofern dabei für den in Anspruch genommenen Armenverband eine Verpflichtung zur Uebernahme eines Hülfsbedürftigen (§ 31) begründet ist, muß dies in dem Beschlusse ausdrücklich ausgesprochen werden.

Anm. 1 zu § 40. In Preußen normiren für die Entscheidung der Bezirksausschüsse die landesgesetzlichen Vorschriften der §§ 79—81 des Landesverwaltungsgesetzes vom 30. Juli 1883:

§ 79. Das Gericht hat nach seiner freien, aus dem ganzen Inbegriffe der Verhandlungen und Beweise geschöpften Ueberzeugung zu entscheiden. Beim Ausbleiben der betreffenden Partei oder in Ermangelung einer Erklärung derselben können die von der Gegenpartei vorgebrachten Thatsachen für zugestanden erachtet werden. Die Entscheidungen dürfen nur die zum Streitverfahren vorgeladenen Parteien und die in demselben erhobenen Ansprüche betreffen.

§ 80. Die Entscheidung kann ohne vorgängige Anberaumung einer mündlichen Verhandlung erlassen werden, wenn beide Theile auf eine solche ausdrücklich verzichtet haben.

§ 81. Die Verkündigung der Entscheidung erfolgt der Regel nach in öffentlicher Sitzung des Gerichts. Eine mit Gründen versehene Ausfertigung der Entscheidung ist den Parteien und, sofern ein besonderer Kommissar zur Wahrnehmung des öffentlichen Interesses bestellt war, gleichzeitig auch diesem zuzustellen. Die Zustellung genügt, wenn die Verkündigung in öffentlicher Sitzung nicht erfolgt ist.

Anm. 2. Beweisinterlokute des gemeinen deutschen Civilprozesses sind im Verwaltungsstreitverfahren unstatthaft.

Anm. 3. Das Verwaltungsstreitverfahren ist in Preußen stempelfrei. Dem unterliegenden Theile sind die Kosten und die baaren Auslagen des Verfahrens, sowie die erforderlichen baaren Auslagen des obsiegenden Theils zur Last zu legen. Die Kosten und baaren Auslagen bleiben dem obsiegenden Theile zur Last, soweit sie durch sein eigenes Verschulden entstanden sind. — cfr. § 103 und 104 des Landesverwaltungsgesetzes vom 30. Juli 1883. — Vergleiche im Uebrigen Anm. 9 zu § 38.

Anm. 4. Zu den baaren Auslagen, welche dem obsiegenden Theile zu erstatten sind, gehören auch die durch die Ermittelung des verpflichteten Armenverbandes und durch die zur Wahrung des Anspruchs auf Grund des § 34 erforderliche Anmeldung erwachsenen.

Anm. 5. Die Entscheidung ist nur verbindlich für die streitenden Armenverbände. Aus derselben können andere beim Verfahren als Partei nicht betheiligte Armenverbände Rechte für sich nicht herleiten.

§ 41.

Soweit die Organisation oder örtliche Abgrenzung der einzelnen Armenverbände Gegenstand des Streites ist, bewendet es endgültig bei der Entscheidung der höchsten landesgesetzlichen Instanz. Im Uebrigen findet gegen deren Entscheidung nur die Berufung an das Bundesamt für das Heimathswesen statt.

Anm. 1 zu § 41. Die Berufung gegen Entscheidungen erster Instanz geht an das Bundesamt für das Heimathswesen in Berlin und ist innerhalb 14 Tagen bei der Spruchbehörde erster Instanz bei Verlust des Rechtsmittels anzumelden.

Anm. 2. Gegenstand der Entscheidung in der Berufungsinstanz können nicht Streitigkeiten über solche Fragen sein, welche die Organisation oder örtliche Abgrenzung der einzelnen Armenverbände betreffen. Solche Streitigkeiten werden endgültig nur von der höchsten landesgesetzlichen Instanz entschieden. Diese Entscheidung ist im Verwaltungsstreitverfahren unanfechtbar.

Anm. 3. Kann die Entscheidung über den Kostenpunkt allein für sich oder nur gleichzeitig mit der Entscheidung in der Hauptsache durch Berufung angefochten werden? Nach Preußischem Rechte (§ 105 des Landesverwaltungsgesetzes vom 30. Juli 1883) kann freilich in dem Verwaltungsstreitverfahren vor den Bezirksausschüssen, welchen jetzt u. A. auch die Entscheidung in Streitigkeiten zwischen Armenverbänden zugewiesen ist, nur gleichzeitig mit der Entscheidung in der Hauptsache durch Berufung oder Revision angefochten werden. Diese generell für das Verfahren vor den Bezirksausschüssen erlassene Vorschrift, welche die spezielle reichsgesetzliche Bestimmung des § 41 überall nicht aufheben kann, findet umsoweniger Anwendung auf das Verfahren in Streitigkeiten zwischen Armenverbänden, als der § 157 des Landesverwaltungsgesetzes bestimmt, daß durch dies letztere Gesetz die Bestimmungen des Reichsgesetzes über den Unterstützungswohnsitz vom 6. Juni 1870 nicht berührt werden. Nach § 41 des letzteren Gesetzes muß es nun als zweifellos zulässig erachtet werden, gegen Theile der Entscheidung, also auch nur gegen die Entscheidung über den Kostenpunkt, die Berufung einzulegen.

Anm. 4. Gegen Kostenfestsetzungsbeschlüsse der Bezirksausschüsse in Streitigkeiten zwischen Armenverbänden findet dagegen die Beschwerde an das Oberverwaltungsgericht statt, da nur Endurtheile, nicht Beschlüsse des Gerichts erster Instanz nach § 41 Gegenstand des Berufungsverfahrens sind.

Das Verfahren bei der Festsetzung der Kosten ist in Preußen nach § 108 des Landesverwaltungsgesetzes vom 30. Juli 1883 folgendes: Die Kosten und baaren Auslagen des Verfahrens werden für jede Instanz von dem Gerichte festgesetzt, bei dem die Sache selbst anhängig gewesen ist. Die von der obsiegenden Partei zur Erstattung seitens des unterliegenden Theils liquidirten Auslagen werden für alle Instanzen von demjenigen Gerichte festgesetzt, bei dem die Sache in erster Instanz anhängig gewesen ist. Gegen den Festsetzungsbeschluß des Bezirksausschusses findet binnen 2 Wochen die Beschwerde an das Oberverwaltungsgericht statt.

Bundesamt für das Heimathswesen.

§ 42.

Das Bundesamt für das Heimathswesen ist eine ständige und kollegiale Behörde, welche ihren Sitz in Berlin hat.

Es besteht aus einem Vorsitzenden und mindestens vier Mitgliedern. Der Vorsitzende, sowie die letzteren werden auf Vorschlag des Bundesrathes vom Bundespräsidium auf Lebenszeit ernannt. Der Vorsitzende sowohl, als auch mindestens die Hälfte der Mitglieder muß die Qualifikation zum höheren Richteramte im Staate ihrer Angehörigkeit besitzeu.

§ 43.

Bezüglich der Rechtsverhältnisse der Mitglieder des Bundesamtes gelten bis zum Erlaß besonderer bundesgesetzlicher Vorschriften die Bestimmungen der §§ 23—26 des Gesetzes, betreffend die Errichtung eines obersten Gerichtshofes für Handelssachen, vom 12. Juni 1869 mit der Maßgabe, daß

1. an Stelle des Plenums des Oberhandelsgerichts das Plenum des Bundesamtes tritt, und daß im Falle des § 25 a. a. O. die Verrichtungen des Staatsanwalts und des Untersuchungsrichters von je einem Mitgliede des Königlich Preußischen Kammergerichts

zu Berlin, welches der Bundeskanzler ernennt, wahrgenommen werden,

2. bezüglich der Höhe der Pensionen die Vorschriften in Anwendung kommen, welche darüber in demjenigen Bundesstaate gelten, aus dessen Dienste das Mitglied des Bundesamtes berufen ist.

§ 44.

Zur Abfassung einer gültigen Entscheidung des Bundesamtes gehört die Anwesenheit von mindestens drei Mitgliedern, von denen mindestens Eines die im § 42 vorgeschriebene richterliche Qualifikation haben muß.

Die Zahl der Mitglieder, welche bei der Fassung eines Beschlusses eine entscheidende Stimme führen, muß in allen Fällen eine ungerade sein. Ist die Zahl der bei der Erledigung einer Sache mitwirkenden Mitglieder eine gerade, so führt dasjenige Mitglied, welches zuletzt ernannt ist, und bei gleichem Dienstalter dasjenige, welches der Geburt nach das jüngere ist, nur eine berathende Stimme.

§ 45.

Der Geschäftsgang bei dem Bundesamte wird durch ein Regulativ geordnet, welches das Bundesamt zu entwerfen und dem Bundesrathe zur Bestätigung einzureichen hat.

In dem Geschäftsregulative sind insbesondere auch die Befugnisse des Vorsitzenden festzustellen.

§ 46.

Die Berufung an das Bundesamt ist bei Verlust des Rechtsmittels binnen vierzehn Tagen, von der Behändigung der angefochtenen Entscheidung an gerechnet, bei derjenigen Behörde, gegen deren Entscheidung sie gerichtet ist, schriftlich anzumelden.

Die Angabe der Beschwerden, sowie die Rechtfertigung der Berufung kann entweder zugleich mit der Anmeldung der letzteren oder innerhalb vier Wochen nach diesem Termine derselben Behörde eingereicht werden.

Von sämmtlichen Schriftsätzen, sowie von den etwaigen Anlagen derselben sind Duplikate beizufügen.

Anm. 1 zu § 46. Für die Berechnung der 14-tägigen Berufungsfrist und der 4wöchentlichen Rechtfertigungsfrist sind auf Grund des § 52 des Landesverwaltungsgesetzes vom 30. Juli 1883 die bürgerlichen Prozeßgesetze maßgebend.

Vergl. wegen der bürgerlichen Prozeßgesetze die §§ 198—204 der deutschen Civilprozeßordnung.

Anm. 2. Gegen den Ablauf der Berufungsfrist kann Wiedereinsetzung in den vorigen Stand nicht gewährt werden.

Anm. 3. Die Berufungsfrist läuft von dem Tage, an welchem die angefochtene Entscheidung der Partei thatsächlich behändigt ist, nicht vom Tage der Verkündung derselben an.

Anm. 4. Zur Erhaltung und Verfolgung des Rechtsmittels bedarf es nur der Anmeldung der Berufung ohne Rechtfertigung. Das Rechtsmittel der Berufung geht auch nicht verloren, wenn solche Angabe und Rechtfertigung nicht binnen der in Abs. 2 des § 46 festgesetzten 4wöchentlichen Frist nachfolgt.

Anm. 5. Die Berufung muß bei der Behörde, gegen deren Entscheidung sie gerichtet ist, angemeldet werden. Deshalb wird die Berufungsfrist durch eine direkt an das Bundesamt für das Heimathswesen eingereichte Anmeldung nicht gewahrt.

Anm. 6. Nur die durch eine zur Prozeßführung aktiv legitimirte Behörde angemeldete Berufung vermag die Berufungsfrist zu wahren.

§ 47.

Die eingegangenen Duplikate werden von der zuständigen Behörde der Gegenpartei zur schriftlichen, binnen vier Wochen nach der Behändigung in zwei Exemplaren einzureichenden Gegenerklärung zugefertigt.

Anm. zu § 47. Für die Berechnung dieser vierwöchentlichen Frist sind gleichfalls die bürgerlichen Prozeßgesetze maßgebend. — cfr. Anm. 1 zu § 46. —

§ 48.

Nach Ablauf dieser Frist legt die nämliche

Behörde die sämmtlichen Verhandlungen nebst ihren Akten dem Bundesamte vor.

§ 49.

Erachtet das Bundesamt vor Fällung der Entscheidung noch eine Aufklärung über das Sach- und Rechtsverhältniß für nöthig, so ist dieselbe unter Vermittelung der zuständigen Landesbehörde vorzunehmen.

Anm 1 zu § 49. Die Entscheidungen erster Instanz sind schon vor erlangter Rechtskraft sofort vollstreckbar, ausgenommen in den in § 57 angegebenen Fällen.

Anm. 2. Der Exekutionsantrag ist an die zur Entscheidung in erster Instanz zuständige Behörde einzureichen. Dieser Behörde wird es überlassen, zur Vollstreckung der Exekution die dazu für die Armenverbände kompetenten Landesbehörden zu requiriren.

§ 50.

Die Entscheidung des Bundesamtes erfolgt gebührenfrei in öffentlicher Sitzung nach erfolgter Ladung und Anhörung der Parteien.

Das Erkenntniß wird schriftlich, mit Gründen versehen, den Parteien durch Vermittelung derjenigen Behörde (§ 46) zugefertigt, gegen deren Beschluß es ergangen ist.

§ 51.

Gegen die Entscheidung des Bundesamtes ist ein weiteres Rechtsmittel nicht zulässig.

§ 52.

Bis zu anderweitiger, von Bundeswegen erfolgender Regelung der Kompetenz des Bundesamtes für das Heimathswesen kann durch die Landesgesetzgebung eines Bundesstaates bestimmt werden, daß die Vorschriften der §§ 38 bis 51, 56 Absatz 2 dieses Gesetzes für die Streitsachen zwischen Armenverbänden des betreffenden Bundesstaates in Wirksamkeit treten sollen.

Exekution der Entscheidung.

§ 53.

In den Streitsachen über die durch dieses Gesetz geregelte öffentliche Unterstützung Hülfsbedürftiger ist die Entscheidung der ersten Instanz, ausgenommen in dem Falle des § 57, sofort vollstreckbar.

Im Uebrigen findet die Exekution statt:

a) auf Grund und in den Grenzen eines von dem in Anspruch genommenen Armenverbande ausgestellten Anerkenntnisses (§ 55);

b) auf Grund der endgültigen Entscheidung.

Die Vollstreckung der Exekution liegt der zur

Entscheidung in erster Instanz zuständigen Behörde des verpflichteten Armenverbandes ob, und ist bei derselben unter Beifügung der bezüglichen Urkunden zu beantragen.

§ 54.

Wird die bereits vollstreckte Entscheidung der ersten landesgesetzlichen Instanz durch endgültige Entscheidungen höherer Landesinstanzen oder in Gemäßheit der §§ 38—51 dieses Gesetzes wieder aufgehoben, so hat die zur Entscheidung in erster Instanz zuständige Behörde desjenigen Armenverbandes, welcher die Vollstreckung der Exekution erwirkt hatte, die erforderlichen Anordnungen zu treffen, um die Exekution und deren Folgen wieder rückgängig zu machen.

§ 55.

Den zur vorläufigen Unterstützung (§ 28) und beziehungsweise zur Uebernahme (§ 31) eines Hülfsbedürftigen verpflichteten Armenverbänden ist es unbenommen, die thatsächliche Vollstreckung der Ausweisung (§ 5 des Gesetzes über die Freizügigkeit vom 1. November 1867) durch eine unter sich zu treffende Einigung über das Verbleiben der auszuweisenden Person oder Familie in ihrem bisherigen Aufenthaltsorte gegen Gewährung eines bestimmten Unterstützungsbetrages von Seiten des letztgedachten Armenverbandes, dauernd oder zeitweilig auszuschließen.

Die erstinstanzlichen Behörden (§§ 38, 39, 40) sind verpflichtet, auf Anrufen eines oder des anderen Betheiligten, Zwecks thunlicher Herstellung einer solchen Einigung vermittelnd einzuschreiten.

Ist die Einigung urkundlich in Form eines Anerkenntnisses festgestellt, so findet auf Grund derselben die administrative Exekution statt (§ 53).

Anm. zu § 55. Die erstinstanzliche Behörde ist diejenige Spruchbehörde, welche dem zur vorläufigen Unterstützung resp. zur Uebernahme eines Hülfsbedürftigen verpflichteten Armenverbande vorgesetzt ist.

Der § 55 setzt voraus, daß bereits eine vollstreckbare Entscheidung in einer zwischen Armenverbänden wegen Hülfsbedürftigkeit anhängigen Streitsache erlassen ist.

§ 56.

Wenn mit der Ausweisung Gefahr für Leben oder Gesundheit des Auszuweisenden oder seiner Angehörigen verbunden sein würde, oder wenn die Ursache der Erwerbs- oder Arbeitsunfähigkeit des Auszuweisenden durch eine im Bundeskriegsdienste oder bei Gelegenheit einer That persönlicher Selbstaufopferung erlittene Verwundung oder Krankheit herbeigeführt ist, oder endlich, wenn sonst die Wegweisung vom Aufenthaltsorte mit erheblichen Härten oder Nachtheilen für den Auszuweisenden verbunden sein sollte, kann auch bei nicht erreichter Einigung das Verbleiben der auszuweisenden Person oder Familie in dem Aufenthaltsorte, gegen Festsetzung eines von dem verpflichteten Armenverbande zu zahlenden Unterstützungsbetrages, durch die zur Entscheidung in erster Instanz zuständige Behörde des Ortsarmenverbandes des Aufenthaltsortes angeordnet werden.

Gegen diese Anordnung, welche, wenn die Voraussetzungen fortfallen, unter welchen sie erlassen ist, jederzeit zurückgenommen werden kann, steht innerhalb vierzehn Tagen nach der Zustellung beiden Theilen die Berufung zu. Dieselbe erfolgt, wenn die streitenden Armenverbände einem und demselben Bundesstaate angehören, an die nächst höchste landesgesetzliche Instanz, sofern die streitenden Theile verschiedenen Bundesstaaten angehören, an das Bundesamt für das Heimathswesen. Bei der hierauf ergehenden Entscheidung bewendet es endgültig.

Dasselbe findet statt, wenn der Antrag des verpflichteten Armenverbandes auf Erlaß einer solchen Anordnung zurückgewiesen ist.

Anm. 1 zu 56. Für die in § 56 beregte Anordnung des Verbleibens der auszuweisenden Person am Aufenthaltsorte soll nicht die in erster Instanz zuständige Behörde des übernahmepflichtigen Armenverbandes, sondern diejenige des Ortsarmenverbandes des Aufenthaltsortes der Person kompetent sein.

Anm. 2. Auf Grund des § 6 des Freizügigkeitsgesetzes vom 1. November 1867 darf die thatsächliche Ausweisung nicht eher erfolgen, bevor nicht entweder die Annahmeerklärung der in Anspruch genommenen Gemeinde oder eine wenigstens einstweilen vollstreckbare Entscheidung über die Fürsorgepflicht erfolgt ist. Sobald eine solche Annahmeerklärung, welche auch in der auf Anordnung des Verbleibens gerichteten Klage abgegeben werden kann, oder eine einstweilen vollstreckbare Entscheidung vorliegt, ist für die desfallsige Klage des übernahmepflichtigen Armenverbandes die für den Ortsarmenverband des Aufenthaltsorts zuständige Spruchbehörde kompetent. Die Anwendung des § 56 setzt also keineswegs voraus, daß bereits wider den übernahmepflichtigen Armenverband die Exekutionsinstanz beschritten oder daß die Uebernahmepflicht durch ein Erkenntniß resp. durch eine nach § 55 Abs. 3 zulässige Anerkennung festgestellt worden ist.

Anm. 3. Die auf Anordnung d s Verbleibens gerichtete Klage ist schon dann statthaft, wenn der Armenverband des Aufenthaltsorts dem übernahmepflichtigen Armenverbande erklärt, die thatsächliche Ausweisung vornehmen zu wollen.

Anm. 4. Die Klage auf die fragliche Anordnung steht nur den betheiligten Armenverbänden, nicht der auszuweisenden Person zu.

§ 57.

So lange das Verfahren, betreffend den Versuch einer Einigung nach § 55, oder betreffend den Erlaß der im § 56 bezeichneten Anordnung, schwebt, bleibt die Vollstreckbarkeit der Entscheidung erster Instanz ausgesetzt (§ 53).

Anm. zu § 57. Ist die Exekutionsinstanz auf Grund der einstweilen vollstreckbaren Entscheidung bereits beschritten, so hat die zur Entscheidung in erster Instanz zuständige Behörde desjenigen Armenverbandes, welcher die Vollstreckung erwirkt hatte, die erforderlichen Anordnungen zu treffen, um das Exekutionsverfahren auszusetzen.

§ 58.

Ist die Ausweisung durch Transport zu bewerkstelligen, so fallen die Transportkosten als ein Theil der zu erstattenden Kosten der Unterstützung des Hülfsbedürftigen dem hierzu verpflichteten Armenverbande zur Last.

Entsteht über die Nothwendigkeit des Transports oder die Art der Ausführung desselben Streit, so erfolgt die Entscheidung hierüber endgültig durch die in erster Instanz in der Hauptsache zuständige Behörde des Armenverbandes des Aufenthaltsortes (§ 38 Abs. 2).

§ 59.

Ist ein Armenverband zur Zahlung der ihm endgültig auferlegten Kosten, laut Bescheinigung der ihm vorgesetzten Behörde, ganz oder theilweise außer Stande, so hat der Bundesstaat, welchem er angehört, entweder mittelbar oder unmittelbar für die Erstattung zu sorgen.

Anm. zu § 59. Für Preußen ist durch das Ausführungsgesetz vom 8. März 1871 angeordnet, daß in dem gedachten Falle die Kosten des Verfahrens außer Ansatz bleiben und für die Erstattung der Auslagen und Gebühren der betreffende Landarmenverband aufkommen muß.

Oeffentliche Unterstützung hülfsbedürftiger Ausländer.

§ 60.

Ausländer müssen vorläufig von demjenigen Ortsarmenverbande unterstützt werden, in dessen Bezirke sie sich bei dem Eintritte der Hülfsbedürftigkeit befinden.

Zur Erstattung der Kosten beziehungsweise zur Uebernahme des hülfsbedürftigen Ausländers ist derjenige Bundesstaat verpflichtet, welchem der Ortsarmenverband der vorläufigen Unterstützung angehört, mit der Maßgabe, daß es jedem Bundesstaate überlassen bleibt, im Wege der Landesgesetzgebung diese Verpflichtung auf seine Armenverbände zu übertragen.

Anm. 1 zu § 60. Ausländer im Sinne des Gesetzes sind die Angehörigen derjenigen Länder, in denen das Unterstützungswohnsitzgesetz nicht eingeführt worden ist (also auch Bayern und Elsaß-Lothringen).

Anm. 2. Preußen hat die Verpflichtung zur Erstattung der Kosten resp. zur Uebernahme des hülfsbedürftigen Ausländers den Armenverbänden durch den § 64 des Ausführungsgesetzes vom 8. März 1871 übertragen. Wird ein Ausländer vor Erlangung des Unterstützungswohnsitzes in Deutschland hülfsbedürftig, so ist der Landarmenverband kostenerstattungs- resp. übernahmepflichtig.

Anm. 3 Der § 64 des Ausführungsgesetzes lautet:

Jeder Ausländer ist, so lange ihm der Aufenthalt im Inlande gestattet ist, in Bezug

a) auf die Art und das Maaß der im Falle der Hülfsbedürftigkeit zu gewährenden öffentlichen Unterstützung,

b) auf den Erwerb und Verlust des Unterstützungswohnsitzes

einem Deutschen gleich zu behandeln.

Verhältniß der Armenverbände.

Zu einander.

§ 61.

Durch die Bestimmungen dieses Gesetzes werden Rechte und Verbindlichkeiten nur zwischen den zur Gewährung öffentlicher Unterstützung nach Vorschrift dieses Gesetzes verpflichteten Verbänden (Orts-, Landarmenverbände, Bundesstaaten) begründet.

Zu anderweit Verpflichteten.

Daher werden die auf anderen Titeln (Familien- und Dienstverhältniß, Vertrag, Genossenschaft, Stiftung u. s. w.) beruhenden Verpflichtungen, einen Hülfsbedürftigen zu unterstützen, von den Bestimmungen dieses Gesetzes nicht betroffen.

§ 62.

Jeder Armenverband, welcher nach Vorschrift dieses Gesetzes einen Hülfsbedürftigen unterstützt hat, ist befugt, Ersatz derjenigen Leistungen, zu deren Gewährung ein Dritter aus anderen, als den durch dieses Gesetz begründeten Titeln verpflichtet ist, von dem Verpflichteten in demselben Maaße und unter denselben Voraussetzungen zu fordern, als dem Unterstützten auf jene Leistungen ein Recht zusteht.

Der Einwand, daß der unterstützende Armenverband den Ersatz von einem anderen Armenverbande zu fordern berechtigt sei, darf demselben hierbei nicht entgegengestellt werden.

Anm. 1 zu 62. Die zur Gewährung öffentlicher Unterstützung verpflichteten Armenverbände müssen die Fürsorge eines Hülfsbedürftigen übernehmen, vorbehaltlich des Regreßanspruchs wider die aus andern Titeln (Familien- und Dienstverhältniß, Vertrag, Genossenschaft, Stiftung u. s. w.) verpflichteten Rechtssubjekte.

Anm. 2. Die Verpflichtung der Armenverbände zur Unterstützung hülfsbedürftiger Personen wird weder durch das Gesetz betreffend die Krankenversicherung der Arbeiter vom 15. Juni 1883 noch durch das Unfallversicherungsgesetz vom 6. Juli 1884 berührt. Soweit auf Grund solcher Verpflichtung Unterstützungen in Fällen gewährt sind, in welchen dem Unterstützten nach Maßgabe jener Gesetze ein Entschädigungsanspruch zusteht, geht der letztere bis zum Betrage der geleisteten Unterstützung auf die Armenverbände über, von welchen die

Unterstützung gewährt worden ist. (cfr. § 57 Abs. 1 und 2 des Krankenversicherungsgesetzes und § 8 des Unfallversicherungsgesetzes).

Hierbei ist zu beachten, daß die auf Grund jener Gesetze gewährten Leistungen sowie die Unterstützungen, welche den Armenverbänden ersetzt sind, nicht als öffentliche Unterstützungen gelten. (cfr. § 77 des Krankenversicherungsgesetzes vom 15. Juni 1883).

Zu den Behörden.

§ 63.

Die Verwaltungs- und Polizeibehörden sind verpflichtet, innerhalb ihres Geschäftskreises den Armenverbänden Behufs der Ermittelung der Heimaths-, Familien- und Aufenthaltsverhältnisse eines Hülfsbedürftigen auf Verlangen behülflich zu sein.

§ 64.

Das Eintreten der in den §§ 10 und 22 an den Ablauf einer bestimmten Frist geknüpften Wirkungen kann durch Vertrag oder Verzicht der betheiligten Behörden oder Personen nicht ausgeschlossen werden.

Anm. zu § 64. Das bei Streitigkeiten zwischen Armenverbänden auf Grund des Reichsgesetzes vom 6. Juni 1870 zur Anwendung kommende öffentliche Recht kann durch Verträge oder einseitige Erklärungen nicht abgeändert werden. Deshalb sind s. g. Heimathsscheine oder Heimathsreverse, welche in älterer Zeit üblich waren, jetzt ganz bedeutungslos und unverbindlich.

Zeitpunkt der Geltung des Gesetzes.

§ 65.

Dieses Gesetz tritt mit dem 1. Juli 1871 in Kraft. Nach diesem Tage finden die bis dahin innerhalb des Bundesgebietes gültigen Vorschriften über die durch das gegenwärtige Gesetz geregelten Rechtsverhältnisse nur insoweit noch Anwendung, als es sich um die Feststellung des Unterstützungswohnsitzes für die Zeit vor dem 1. Juli 1871 handelte.

Uebergangsbestimmungen.

Insbesondere kommen hierbei folgende Bestimmungen zur Anwendung:

1. Diejenigen Norddeutschen, welche am 30. Juni 1871 innerhalb des Bundesgebietes ein Heimathsrecht besitzen, haben Kraft desselben am 1. Juli 1871 den Unterstützungswohnsitz in demjenigen Ortsarmenverbande, welchem ihr Heimathsort angehört.
2. Diejenigen Norddeutschen, welche am 30. Juni 1871 innerhalb des Bundesgebietes einen Unterstützungswohnsitz haben, besitzen denselben am 1. Juli 1871 mit den Folgen und Maßgaben dieses Gesetzes, gleichviel ob die Voraussetzungen des Erwerbes andere waren, als die durch dieses Gesetz vorgeschriebenen.

3. Wo und insoweit bisher ein Heimathsrecht oder Unterstützungswohnsitz durch bloßen Aufenthalt nicht erworben, durch bloße Abwesenheit nicht verloren werden konnte, beginnt der Lauf der durch dieses Gesetz vorgeschriebenen zweijährigen Frist für den Erwerb beziehungsweise Verlust des Unterstützungswohnsitzes mit dem 1. Juli 1871.

4. Wo bisher für den Erwerb beziehungsweise Verlust des Unterstützungswohnsitzes die nämliche oder eine längere, als die durch dieses Gesetz vorgeschriebene Frist galt, kommt bei Berechnung der letzteren die vor dem 1. Juli 1871 abgelaufene Zeitdauer in Ansatz.

5. Wo bisher für den Erwerb beziehungsweise Verlust des Unterstützungswohnsitzes eine kürzere, als die durch dieses Gesetz vorgeschriebene Frist bestand, gilt, sofern die kürzere Frist vor dem 1. Juli 1871 abgelaufen war, die Wirkung des Ablaufs als eingetreten, auch wenn die Entscheidung hierüber erst nach dem 1. Juli 1871 erfolgt. War die kürzere Frist vor dem 1. Juli 1871 noch nicht abgelaufen, so bedarf es zum Eintritt der durch dieses Gesetz vorgeschriebenen Wirkungen des Ablaufs der durch dieses Gesetz vorgeschriebenen Frist, jedoch

unter Anrechnung der vor dem 1. Juli 1871 abgelaufenen Zeitdauer.

6. Das durch dieses Gesetz für die Entscheidung der Streitsachen über die öffentliche Unterstützung Hülfsbedürftiger vorgeschriebene Verfahren kommt nach Maßgabe der Vorschrift des § 37 zur Anwendung bei denjenigen Streitsachen der Armenverbände (Armenkommunen, Armenbezirke, Heimathsbezirke), welche nach dem 30. Juni 1871 anhängig gemacht werden.

Urkundlich unter Unserer Höchsteigenhändigen Unterschrift und beigedrucktem Bundes-Insiegel.

Gegeben Schloß Babelsberg, den 6. Juni 1870.

(L. S.) **Wilhelm.**

Gr. v. Bismarck-Schönhausen.

Anm. zu § 65. Der § 65 enthält außer der Feststellung des Zeitpunkts, an welchem das Gesetz in Kraft getreten ist (1. Juli 1871), nur Uebergangsbestimmungen.

II.

Gesetz, betreffend die Ausführung des Bundesgesetzes über den Unterstützungswohnsitz,

vom 8. März 1871.

Umfang der Unterstützungspflicht.

§ 1.

Jedem hülfsbedürftigen Deutschen (§ 69) ist von dem zu seiner Unterstützung verpflichteten Armenverbande Obdach, der unentbehrliche Lebensunterhalt, die erforderliche Pflege in Krankheitsfällen und im Falle seines Ablebens ein angemessenes Begräbniß zu gewähren.

Die Unterstützung kann geeigneten Falles, so lange dieselbe in Anspruch genommen wird, mittelst Unterbringung in einem Armen- oder Krankenhause, sowie mittelst Anweisung der den Kräften des Hülfsbedürftigen entsprechenden Arbeiten außerhalb oder innerhalb eines solchen Hauses gewährt werden.

Gebühren für die einem Unterstützungsbedürftigen geleisteten geistlichen Amtshandlungen sind die Armenverbände zu entrichten nicht verpflichtet.

Anm. 1 zu § 1. Unter „hülfsbedürftigen Deutschen" ist zu verstehen ein solcher, welcher dem Geltungsbereiche des Reichsgesetzes vom 6. Juni 1870 angehört.

Anm. 2. In § 1 ist die Art und das Maaß der im Falle der Hülfsbedürftigkeit zu gewährenden öffentlichen Unterstützung festgestellt. — cfr. § 1 des Reichsgesetzes vom 6. Juni 1870. — Es ist zu gewähren:

a) Obdach,
b) der unentbehrliche Lebensunterhalt,
c) die erforderliche Pflege in Krankheitsfällen,
d) im Falle des Ablebens angemessenes Begräbniß.

Verpflichtet zur Gewährung ist sowohl der vorläufig als auch der definitiv fürsorgepflichtige Armenverband. — cfr. § 28 des Reichsgesetzes vom 6. Juni 1870. —

Anm. 3. Obdach. Der thatsächlichen Unterbringung in einer Wohnung ist gleich zu achten die Gewährung eines Geldbetrags zur Bezahlung der Miethe an einen Hülfsbedürftigen, um denselben vor einer bevorstehenden Exmission zu schützen und ihm durch die Gewährung seine bisherige Wohnung als Obdach zu erhalten. Die nicht zu solchem Zwecke geschehene Zahlung rückständiger Miethe kann als ein Akt der Armenpflege nicht angesehen werden.

Anm. 4. Unentbehrlicher Lebensunterhalt. Hierzu gehört u. A. auch die Gewährung von Bekleidungsstücken (Kleidung, Stiefel 2c.) bei Entlassung Hülfsbedürftiger aus den Krankenhäusern, wenn sich die Bekleidung zur Erhaltung der Gesundheit des Entlassenen und zum Schutze gegen Krankheitsrückfall vernothwendigt.

Anm. 5. Erforderliche Pflege in Krankheitsfällen. Hierzu gehört u. A. auch der nothwendige Transport des Kranken zur Krankenanstalt. Die dadurch entstandenen nothwendigen Kosten können zur Erstattung liquidirt werden.

Organe der öffentlichen Unterstützung Hülfsbedürftiger.

A. Ortsarmenverbände.

Gemeinden.

§ 2.

Jede Gemeinde bildet für sich einen Ortsarmenverband, sofern sie nicht einem, mehrere Gemeinden oder Gutsbezirke umfassenden einheitlichen Ortsarmenverbande (Gesammt-Armenverbande) schon angehört oder nach den folgenden Bestimmungen einzuverleiben ist. Die Verwaltung der öffentlichen Armenpflege steht in den Gemeindebezirken überall den für die Verwaltung der Gemeinde-Angelegenheiten durch die Gemeinde-Verfassungsgesetze angeordneten Gemeindebehörden zu. Die Bestimmungen der Gemeinde-Verfassungsgesetze über die Verwaltung der Gemeinde-Angelegenheiten, insbesondere die Bestimmungen über die Zuständigkeit des Gemeindevorstandes und der Gemeindevertretung sind überall auch für die Verwaltung der öffentlichen Armenpflege maßgebend.

Die in diesem Gesetze der Gemeindevertretung zugewiesenen Verrichtungen werden da, wo eine gewählte Gemeindevertretung nicht besteht, von der Gemeindeversammlung wahrgenommen.

Anm. 1 zu § 2. Organe der öffentlichen Unterstützung Hülfsbedürftiger sind:

I. Ortsarmenverbände, und zwar als
  a) Gemeindearmenverbände oder
  b) Gutsarmenverbände oder
  c) Gesammtarmenverbände;

II. Landarmenverbände.

Anm. 2. Die Gesammtarmenverbände d. h. alle zu einem Ortsarmenverbande vereinigten Gemeinden und Gutsbezirke gelten in Ansehung der durch das Reichsgesetz vom 6. Juni 1870 geregelten Verhältnisse als eine Einheit. (cfr. § 3 des citirten Gesetzes).

§ 3.

Auf Grund eines Gemeindebeschlusses können in allen Gemeinden für die Verwaltung der öffentlichen Armenpflege besondere dem Gemeindevorstande untergeordnete Deputationen aus Mitgliedern des Gemeindevorstandes und der Gemeindevertretung, geeigneten Falles unter Zuziehung anderer Ortseinwohner, gebildet werden. Den Vorsitz in solchen Deputationen führt, sofern nicht die Gemeinde-Verfassungsgesetze über den Vorsitz in Deputationen Anderes bestimmen, der Bürgermeister — in den Landgemeinden der

Provinz Westphalen der Amtmann — oder ein dazu von ihm abgeordnetes Mitglied des Gemeindevorstandes. Wo kein Bürgermeister (Amtmann) an der Spitze der Gemeindeverwaltung steht, tritt an seine Stelle der Gemeindevorsteher.

Bei den sonstigen näheren Bestimmungen der Gemeinde-Verfassungsgesetze über die Zusammensetzung und Geschäftsführung besonderer Verwaltungs-Deputationen hat es sein Bewenden; die Wahl der in die letzteren zu entsendenden Mitglieder der Gemeindevertretung und anderen Ortseinwohner steht jedoch fortan überall, soviel den Gegenstand dieses Gesetzes betrifft, der Gemeindevertretung zu.

Ortspfarrer oder deren Stellvertreter, deren Pfarrbezirk über die Grenzen der politischen Gemeinde ihres Wohnorts sich erstreckt, sind hinsichtlich des in der auswärtigen Gemeinde belegenen Kirchspieltheiles den dortigen Ortseinwohnern gleich zu achten.

§ 4.

Jedes zur Theilnahme an den Gemeindewahlen berechtigte Gemeindemitglied ist verpflichtet, eine unbesoldete Stelle in der Gemeinde-Armenverwaltung zu übernehmen und drei Jahre oder die sonst in den Gemeinde-Verfassungsgesetzen vorgeschriebene längere Zeit hindurch fortzuführen.

Von dieser Verpflichtung befreien nur folgende Gründe:

1) anhaltende Krankheit; 2) Geschäfte, die eine häufige oder lange dauernde Abwesenheit mit sich bringen; 3) ein Alter von 60 oder mehr Jahren; 4) die Verwaltung eines anderen öffentlichen Amtes; 5) sonstige besondere, eine gültige Entschuldigung begründende Verhältnisse, über deren Vorhandensein, sofern die Gemeinde-Verfassungsgesetze nicht etwas Anderes bestimmen, von der Gemeindevertretung zu beschließen ist.

Wer eine unbesoldete Stelle die gesetzlich vorgeschriebene Zeit hindurch wahrgenommen hat, ist während der nächstfolgenden gleich langen Zeit von der Wahrnehmung einer solchen Stelle befreit.

§ 5.

Wer ohne gesetzlichen Grund die Uebernahme oder fernere Wahrnehmung einer unbesoldeten Stelle in der Gemeinde-Armenverwaltung verweigert oder sich dieser Wahrnehmung entzieht, kann auf drei bis sechs Jahre des Rechts zur Theilnahme an den Gemeindewahlen und zur Wahrnehmung unbesoldeter Stellen verlustig erklärt und um ein Achtel bis ein Viertel stärker zu den direkten Gemeindeabgaben herangezogen werden. Die Beschlußfassung hierüber steht, sofern die Gemeinde-Verfassungsgesetze nicht etwas Anderes bestimmen, der Gemeindevertretung zu; der Beschluß bedarf der Genehmigung der Aufsichtsbehörde.

§ 6.

Die Vorsteher von Korporationen und anderen juristischen Personen sind verpflichtet, den Gemeindebehörden auf deren Erfordern Auskunft über den Betrag der Unterstützungen zu ertheilen, welche einem Hülfsbedürftigen des Gemeindebezirks aus den unter ihrer Verwaltung stehenden, einem Zwecke der Wohlthätigkeit gewidmeten Fonds gewährt werden. Vorsteher, welche diese Auskunft innerhalb einer 14tägigen Frist, von Empfang der Seitens der Gemeindebehörden ergangenen Aufforderung an gerechnet, zu ertheilen unterlassen, werden mit einer Geldstrafe bis zu zehn Thaler bestraft.

§§ 7 und 8

(betreffen die außerhalb des Gemeindeverbandes stehenden Gutsbezirke, Verwaltung der öffentlichen Armenpflege daselbst und Verpflichtung zur Tragung der Kosten).

§§ 9—15

(betreffen die Bildung von Gesammtarmenverbänden resp. Wiederauflösung derselben).

§§ 16—18

(enthalten Bestimmungen über Umwandlung und räumliche Begrenzung der dem Reichsgesetze vom 6. Juni 1870 nicht entsprechenden Ortsarmenverbände).

§§ 19—24

(enthalten Bestimmungen über die Aufhebung derjenigen besonderen Behörden, welche in einigen Landestheilen vor dem Reichsgesetze vom 6. Juni 1870 für die Verwaltung der örtlichen Armenpflege neben den Gemeindebehörden bestanden haben).

Aufsichtsrecht der Staatsregierung.

§ 25.

Der Staatsregierung steht nach Maßgabe der Gemeinde-Verfassungsgesetze die Aufsicht über die Verwaltung der Ortsarmenverbände zu. Sie hat insbesondere auch in den Fällen der §§ 19 ff. darüber zu wachen, daß das Armenvermögen seinen bestimmungsmäßigen Zwecken nicht entfremdet werde.

Anm. zu § 25. Diese Bestimmung ist aufgehoben resp. modificirt durch die §§ 7 und 24 des Zuständigkeitsgesetzes vom 1. August 1883.

Nach § 7 steht die Aufsicht über die Verwaltung der städtischen Gemeindeangelegenheiten in erster Instanz dem Regierungspräsidenten, in höherer und letzter Instanz dem Oberpräsidenten zu.

Nach § 24 wird die Aufsicht über die Verwaltung der Angelegenheiten der Landgemeinden, der Aemter der

Provinz Westfalen und der Bürgermeistereien in der Rheinprovinz, sowie der Gutsbezirke in erster Instanz von dem Landrathe als Vorsitzenden des Kreisausschusses, in höherer und letzter Instanz von dem Regierungspräsidenten geübt.

B. Landarmenverbände.

§ 26.

Die bestehenden Landarmenverbände werden in ihren gegenwärtigen Grenzen bis auf Weiteres beibehalten, jedoch wird der Kreis Meisenheim dem Landarmenverbande des Regierungsbezirks Koblenz und die Enklave Kaulsdorf dem Landarmenverbande der vormals Sächsischen Kreise der Regierungsbezirke Merseburg und Erfurt und des Kreises Erfurt zugelegt. Einen besonderen Landarmenverband bilden außerdem

1. die Provinz Schleswig-Holstein,
2. die Provinz Hannover,
3. der kommunalständische Verband des Regierungsbezirks Kassel,
4. der kommunalständische Verband des Regierungsbezirks Wiesbaden mit Ausschluß des Stadtkreises Frankfurt a. M.,
5. der Stadtkreis Frankfurt a. M.,
6. der Regierungsbezirk Sigmaringen.

Für das Jadegebiet werden die Funktionen des Landarmenverbandes bis auf Weiteres vom Staate übernommen.

Anm. zu § 26. Vergl. Anm. 3 zu § 5 des Reichsgesetzes vom 6. Juni 1870 über die Abgrenzung der Landarmenverbände, und den Sitz sowie Gerichtsstand der Vertretungen derselben.

§ 27.

Die Grenzen der Landarmenverbände können unter Zustimmung der Betheiligten und, wo für den Bezirk eines Landarmenverbandes eine besondere Vertretung nicht besteht, unter Zustimmung der Provinzialvertretung, durch Königliche Verordnung geändert werden. Ohne diese Zustimmung ist eine solche Aenderung nur im Wege der Gesetzgebung zulässig.

§ 28.

Die Verwaltung der Angelegenheiten derjenigen Landarmenverbände, welche nur aus einer Gemeinde bestehen, erfolgt nach den für die Verwaltung der Angelegenheiten der Gemeinden maßgebenden Vorschriften.

In allen anderen Fällen wird die Verwaltung der Angelegenheiten der Landarmenverbände durch Königliche Verordnung, soweit es bisher noch nicht geschehen ist, den betreffenden kreis-, beziehungsweise provinzial- und kommunalständischen Verbänden und deren Organe nach Maßgabe der für diese Verbände und deren Organe gültigen Verfassungsgesetze übertragen. Bis zum Erlaß der betreffenden Königlichen Verordnung bewendet es überall bei den zur Zeit bestehenden Verwaltungsvorschriften, vorbehaltlich der Bestimmungen des § 71.

§ 29.

Die zur Erfüllung der Verpflichtungen der Landarmenverbände aufzubringenden Kosten werden auf die betreffenden Kreise nach dem Maßstabe der in ihnen aufkommenden direkten Staatssteuern (§ 70) vertheilt, sofern nicht die Vertretung eines Landarmenverbandes mit Genehmigung der Minister und der Finanzen eine andere Aufbringungsweise beschließt. Den Vertretungen der Kreise bleibt die Beschlußfassung über die Aufbringungsweise des auf die letzteren vertheilten Kostenbetrages überlassen.

In der Provinz Hannover werden die vorgedachten Kosten auf die Amtsverbände beziehungsweise auf die nicht zu einem Amtsverband gehörigen Städte vertheilt.

Im Regierungsbezirk Sigmaringen erfolgt die Vertheilung auf die Oberamtsbezirke. Die Aufbringungsweise der auf die letzteren vertheilten Kostenbeträge wird bis zur Einführung von Kreis- und Provinzialvertretungen durch eine Versammlung der Ortsvorsteher (Bürgermeister, Stadtschultheiß, Vogt) des Oberamtsbezirks unter dem Vorsitze des Oberamtmanns bestimmt.

Anm. zu § 29. Nach § 44 sub 2 des Zuständigkeitsgesetzes vom 1. August 1883 beschließt auf Beschwerden und Einsprüche, betreffend die Heranziehung und Veranlagung zu den Lasten der Landarmenverbände der Vorstand der Letzteren.

Gegen den Beschluß findet innerhalb zwei Wochen die Klage im Verwaltungsstreitverfahren statt. Zuständig ist der Bezirksausschuß. Gegen die Entscheidung des Bezirksausschusses ist in allen Fällen nur das Rechtsmittel der Revision zulässig.

Einsprüche gegen Zuschläge zu den direkten Staatssteuern, welche sich gegen den Prinzipalsatz der letzteren richten, sind unzulässig.

Die Beschwerden und die Einsprüche, sowie die Klage haben keine aufschiebende Wirkung. Dieselben stehen nur den unmittelbar zur Aufbringung der Kosten der Landarmenpflege herangezogenen einzelnen Verbänden, Kreisen und Gemeinden zu.

§ 30.

Die Bestimmungen des § 29 treten in den Provinzen Preußen, Brandenburg, Pommern, Posen, Schlesien, Sachsen, Westphalen und in der Rheinprovinz erst mit dem 1. Januar 1873 in Geltung. Mit demselben Tage treten in der Provinz Schlesien die zur Zeit dort geltenden gesetzlichen Bestimmungen, betreffend die Erhebung von Abgaben für das Landarmen- und Korrigendenwesen bei Erb- und Besitzveränderungsfällen, außer Kraft.

Pflichten und Rechte der Landarmenverbände.

§ 31.

Die Landarmenverbände sind befugt, die Kosten der öffentlichen Armenpflege, welche die Fürsorge für Geisteskranke, Idioten, Taubstumme, Sieche und Blinde verursacht, unmittelbar zu übernehmen. Kreise oder Armenverbände, welche für einen der unmittelbar zu übernehmenden Zweige der Armenpflege bis dahin in ausreichender Weise gesorgt haben, können nicht gegen ihren Willen verpflichtet werden, an der betreffenden Einrichtung des Landarmenverbandes Theil zu nehmen oder zu den Kosten derselben beizutragen. Die auf besonderen gesetzlichen Bestimmungen oder Titeln beruhenden Verpflichtungen einzelner Landarmenverbände, sowie die Verpflichtung der Ortsarmenverbände zur vorläufigen Unterstützung der in ihrem Bezirke (§ 28 des Bundesgesetzes) der Hülfsbedürftigkeit anheimfallenden Personen werden hierdurch nicht berührt.

Die vorstehende Bestimmung findet gleichmäßig auf die aus mehreren Gemeinden oder Gutsbezirken zusammengesetzten Kommunalverbände (Bürgermeistereien, Aemter, Sammtgemeinden), sowie auf die Amtsbezirke und Kreise Anwendung. Diese Verbände können überdies auch die Fürsorge für Kranke unmittelbar übernehmen.

§§ 32 und 33.

(Die in diesen §§ enthaltenen Bestimmungen haben nur Interesse für diejenigen Provinzen, in welchen die Provinzialordnung vom 29. Juni 1875 noch nicht eingeführt ist.)

§ 34.

Die Landarmenverbände sind befugt, die ihrer Fürsorge gesetzlich anheimfallenden Personen demjenigen Ortsarmenverbande gegen Entschädigung zu überweisen, welcher nach § 28 des Bundesgesetzes vom 6. Juni 1870 zur vorläufigen Unterstützung derselben verpflichtet ist.

Die Landarmenverbände sind verpflichtet, in ihren Armenhäusern, soweit es der Raum gestattet, gegen Entschädigung die der Fürsorge der Ortsarmenverbände gesetzlich anheimfallenden Personen auf Antrag dieser Verbände aufzunehmen.

§ 35.

Die für den Betrag der Erstattungsforderungen der Armenverbände maßgebenden Tarife werden von dem Minister des Innern nach Anhörung der Provinzialvertretung beziehungsweise der Kommunallandtage aufgestellt. Bei den gegenwärtig in Geltung stehenden Tarifen bewendet es, bis sie in vorgedachter Weise abgeändert worden sind.

Anm. zu § 35. Der für Preußen maßgebende Tarif ist mit dem Ministerialreskripte vom 2. Juli 1876 bekannt gemacht.

§ 36.

Die Landarmenverbände sind verpflichtet, denjenigen, ihrem Bezirke angehörigen Ortsarmenverbänden eine Beihülfe zu gewähren, welche den ihnen obliegenden Verpflichtungen zu genügen unvermögend sind. Ob und welche Beihülfe zu leisten ist, entscheidet nach Anhörung des Kreistages endgültig die Deputation für das Heimathswesen (§ 40), zu deren Sprengel der betreffende Ortsarmenverband gehört. Die Beihülfe kann in Geld oder mittelst Bereitstellung von Pflegeanstalten oder in sonst geeigneter Weise gewährt werden.

Die in einigen Theilen des Regierungsbezirks Kassel bestehenden Verbände zur Unterstützung solcher Gemeinden, welche die Lasten der öffentlichen Armenpflege für sich allein nicht aufzubringen im Stande sind, werden insoweit aufgehoben, als diese Verbände nicht gleichzeitig zur Verfolgung anderer Zwecke eingerichtet sind, beziehungsweise insoweit auf sie nicht gleichzeitig der § 32 Anwendung findet. Auf das Vermögen dieser Verbände, soweit dasselbe lediglich zur Unterstützung der vorgedachten Gemeinden bestimmt ist, kommen die Vorschriften der §§ 17 und 18 zur Anwendung.

Anm. zu § 36. An Stelle der Deputation für das Heimathswesen beschließt jetzt endgültig der Provinzialrath. Der § 42 des Zuständigkeitsgesetzes vom 1. August 1883 bestimmt: „Beschwerden von Ortsarmenverbänden gegen Verfügungen der Landarmenverbände darüber, ob, in welcher Höhe und in welcher Weise Beihülfen zu gewähren sind (§ 36 des Gesetzes vom 8. März 1871) unterliegen der endgültigen Beschlußfassung des Provinzialraths.“ Es findet also das Beschlußverfahren, nicht das Verwaltungsstreitverfahren in diesen Beschwerdesachen statt.

§ 37.

Muß ein Deutscher, welcher keinen Unterstützungswohnsitz hat, auf Verlangen ausländischer Staatsbehörden (§ 33 des Bundesgesetzes) aus dem Auslande übernommen werden und ist bei der Uebernahme der Fall der Hülfsbedürftigkeit vorhanden oder tritt derselbe innerhalb sieben Tagen nach erfolgter Uebernahme ein, so liegt die Verpflichtung zur Erstattung der Kosten der Unterstützung beziehungsweise zur Uebernahme des Hülfsbedürftigen demjenigen Landarmenverbande ob, innerhalb dessen der Hülfsbedürftige seinen letzten Unterstützungswohnsitz gehabt hat. Läßt sich dieser Unterstützungswohnsitz nicht ermitteln, so ist derjenige Landarmenverband zur Tragung der Kosten verpflichtet, in dessen Bezirk die Hülfsbedürftigkeit hervorgetreten ist.

§ 38.

Die Landarmenverbände sind verpflichtet, die in ihrem Bezirke festgenommenen, auf Grund der Bestimmungen des § 361 Nr. 3 bis 8 des Strafgesetzbuchs für den Norddeutschen Bund vom 31. Mai 1870 verurtheilten und nach verbüßter Strafe der Landespolizeibehörde überwiesenen Personen, auf dahin gehenden Beschluß dieser Behörde in ein Arbeitshaus unterzubringen. Die Kosten des Transports der vorgedachten Personen aus dem Gerichtsgefängniß in das Arbeitshaus, sowie der ihnen etwa Behufs dieses Transports zu gewährenden unentbehrlichen Bekleidung fallen dem Staate zur Last, wogegen die Landarmenverbände die Kosten der Verpflegung in der Anstalt, der bei der Entlassung aus dieser, wenn nöthig, zu gewährenden Bekleidung und entstehenden Falls der Beerdigung in soweit zu tragen haben, als diese Kosten durch den aufkommenden Arbeitsverdienst nicht gedeckt werden.

Anm. zu § 38. Statt: „Strafgesetzbuchs für den Norddeutschen Bund vom 31. Mai 1870" muß es jetzt heißen: Strafgesetzbuchs für das Deutsche Reich vom 15. Mai 1871.

§ 39.

Die Landarmenverbände sind fortan, soweit es bisher noch der Fall ist, nicht mehr verpflichtet, die Kosten der Vollstreckung gerichtlich erkannter Freiheitsstrafen bezüglich der im § 38 gedachten Personen zu tragen.

Verfahren in Streitigkeiten.

§§ 40—48.

(Diese §§ sind sowohl durch § 89 des Verwaltungsgerichtsgesetzes vom 3. Juli 1875 als auch durch § 158 des Landesverwaltungsgesetzes vom 30. Juli 1883 aufgehoben.)

Anm. Das Verfahren in Streitigkeiten wegen öffentlicher Unterstützung, für welches in den s. g. Kreisordnungsprovinzen in erster Instanz der Bezirks-Ausschuß zuständig ist, wird geregelt durch die §§ 61—114 des Landesverwaltungsgesetzes vom 30. Juli 1883 mit Ausschluß derjenigen, welche mit den §§ 42—52 des Unterstützungswohnsitzgesetzes vom 6. Juni 1870 in Widerspruch stehen.

§ 49.

Die Deputation für das Heimathswesen ist befugt, Untersuchungen an Ort und Stelle zu veranlassen, Zeugen und Sachverständige zu laden und eidlich zu vernehmen, überhaupt den angetretenen Beweis in vollem Umfange zu erheben.

Hinsichtlich der Verpflichtung, sich als Zeuge oder Sachverständiger vernehmen zu lassen, kommen die entsprechenden Bestimmungen der bürgerlichen Prozeßgesetze zur Anwendung. Die Deputation erkennt auf die im Ungehorsamsfalle zu verhängenden Strafen, vorbehaltlich des innerhalb vierzehn Tagen nach Zustellung des Strafbescheides zulässigen Rekurses an das Bundesamt für das Heimathwesen.

Anm. 1 zu § 49. An Stelle der Deputation für das Heimathwesen tritt in denjenigen Preußischen Provinzen, in welchen die Kreis- und Provinzialordnung eingeführt ist, der Bezirksausschuß.

Anm. 2. Auf Grund des § 49 geht auch in den s. g. Kreisordnungsprovinzen der Rekurs gegen Strafbescheide, welche wider Zeugen und Sachverständige wegen Ungehorsam erlassen werden, nicht an das Oberverwaltungsgericht, sondern an das Bundesamt für das Heimathwesen in Berlin.

§§ 50—56.

(Diese §§ sind gleichfalls durch § 89 des Verwaltungsgerichtsgesetzes vom 3. Juli 1875 und durch § 158 des Landesverwaltungsgesetzes vom 30. Juli 1883 aufgehoben.)

Anm. Vergl. Anm. zu § 40—48.

§ 57.

Soweit die Organisation oder die örtliche Abgrenzung der einzelnen Armenverbände Gegenstand des Streites ist, bewendet es endgültig bei der Entscheidung der Deputation. Im Uebrigen findet gegen deren Entscheidung, unter Ausschluß aller sonstigen Rechtsmittel, die Berufung an das Bundesamt für das Heimathwesen statt.

Anm. zu § 57. Der § 57 steht in Beziehung zum § 41 des Reichsgesetzes vom 6. Juni 1870, nach welchem es bei Streitigkeiten, welche die Organisation oder örtliche Abgrenzung der einzelnen Armenverbände betreffen, bei der Entscheidung der höchsten landesgesetzlichen Instanz endgültig bewenden soll. Als solche Instanz ist in § 57 die Deputation für das Heimathwesen bestimmt, an deren Stelle jetzt in den s. g. Kreisordnungsprovinzen der Bezirksausschuß tritt.

§ 58.

In allen Streitsachen zwischen Preußischen Armenverbänden ist die unterliegende Partei verpflichtet, der Gegenpartei die ihr in der Berufungsinstanz entstandenen baaren Auslagen, sowie die Gebühren eines sie in der öffentlichen Sitzung des Bundesamts vertretenden Rechtsverständigen zu erstatten.

§ 59.

Gegen die im § 56 des Bundesgesetzes erwähnten Anordnungen findet die Berufung an das Bundesamt für das Heimathwesen auch in denjenigen Fällen statt, in denen ein Streit zwischen zwei Preußischen Armenverbänden besteht.

Ist ein Armenverband zur Zahlung und Erstattung der ihm endgültig auferlegten Kosten und

Gebühren ganz oder theilweise außer Stande (§ 59 des Bundesgesetzes), so bleiben die Kosten des Verfahrens außer Ansatz und für die Erstattung der Auslagen und Gebühren muß der betreffende Landarmenverband aufkommen.

§ 60.

In jedem Kreise wird eine Kommission gebildet, welche in allen Streitigkeiten, in denen ein Ortsarmenverband von einem anderen Preußischen Armenverbande in Anspruch genommen wird, auf Antrag beider streitenden Theile der schiedsrichterlichen Entscheidung, und auf Antrag eines Theiles, welchen dieser stellt, ehe der Streit bei der Deputation anhängig gemacht ist, einem gütlichen Sühneversuch sich unterziehen muß.

Die Kommission besteht aus dem Landrath (dem Landrathsamts-Verwalter) als dem Vorsitzenden und zwei Mitgliedern, welche der Kreistag aus den Anhörigen des Kreises für die Dauer von drei Jahren wählt. Für den Vorsitzenden und jedes der beiden anderen Mitglieder wählt der Kreistag einen bestimmten Vertreter.

In Städten, welche zu keinem Kreise gehören, erfolgt die Wahl aus den Angehörigen der Gemeinde durch den Gemeindevorstand und die Gemeindevertretung in gemeinschaftlicher Sitzung.

Anm. zu § 60. Die §§ 60—62 sind durch den § 43 des Zuständigkeitsgesetzes vom 1. August 1883 modificirt, indem auf Grund desselben der Kreis- (resp. Stadt-)Ausschuß an Stelle der in §§ 60—62 des Ausführungsgesetzes vom 8. März 1871 bezeichneten Kreiskommissionen über Streitigkeiten zwischen Armenverbänden im schiedsrichterlichen oder sühneamtlichen Vermittelungsverfahren beschließen soll. Die Beschlüsse des Kreis-(Stadt-)Ausschusses sind endgültig.

Danach sind Abs. 2 und 3 des § 60 als aufgehoben anzusehen.

§ 61.

Für das Verfahren der Kommissionen kommen die §§ 46, 49, 50, 52, 54 in Anwendung mit der Maßgabe, daß auf die im § 49 bezeichnete Strafe die Kommission erkennt und der Rekurs an die Deputation für das Heimathwesen zusteht. Alle übrigen Theile des Verfahrens regelt die Kommission in jedem einzelnen Falle. Insbesondere darf dieselbe in jeder Lage des Verfahrens einen Sühneversuch veranlassen.

Anm. 1 zu § 61. An Stelle der Kreiskommissionen tritt jetzt der Kreis- (resp. Stadt-)Ausschuß. cfr. Anm. zu § 60.

Anm. 2. Der Rekurs geht in den s. g. Kreisordnungsprovinzen an den Bezirksausschuß.

§ 62.

Die Kommission entscheidet endgültig mit Ausschluß jeder Berufung. Die Entscheidung erfolgt gebühren- und stempelfrei; doch sind dem unterliegenden Theile die baaren Auslagen des Verfahrens und die des obsiegenden Theils, jedoch mit Ausschluß der Gebühren eines Bevollmächtigten, zur Last zu legen.

Die zu erstattenden baaren Auslagen werden von der Kommission endgültig festgesetzt.

Die Entscheidungen der Kommissionen, sowie die urkundlich von denselben festgestellten Einigungen sind im Verwaltungswege vollstreckbar.

Anm. zu § 62. An Stelle der Kreiskommission tritt jetzt der Kreis- (resp. Stadt-)Ausschuß. — cfr. Anm. zu § 60.

§ 63.

Einen Anspruch auf Unterstützung kann der Arme gegen einen Armenverband niemals im Rechtswege, sondern nur bei der Verwaltungsbehörde geltend machen, in deren Pflicht es liegt, keine Ansprüche zuzulassen, welche über das Nothdürftige hinausgehen.

Beschwerden über Verfügungen der Vorstände der Ortsarmenverbände darüber, ob, in welcher Höhe und in welcher Weise Armenunterstützungen zu gewähren sind, folgen dem durch die bestehenden Gesetze angeordneten Instanzenzuge mit der Maßgabe, daß an die Stelle der Bezirksregierung die Deputation für das Heimathwesen tritt, welche endgültig entscheidet.

Anm. 1 zu § 63. Der Abs. 2 des § 63 ist aufgehoben durch den § 41 des Zuständigkeitsgesetzes vom 1. August 1883, auf Grund dessen Beschwerden von Armen gegen Verfügungen von Ortsarmenverbänden darüber, ob, in welcher Höhe und in welcher Weise Unterstützungen zu gewähren sind,

1. sofern eine Stadt von mehr als 10000 Einwohnern an dem Armenverbande betheiligt ist, der endgültigen Beschlußfassung des Bezirksausschusses,
2. andernfalls der endgültigen Beschlußfassung des Kreisausschusses

unterliegen.

Anm. 2. Beschwerden von Armen gegen Verfügungen von Landarmenverbänden über die Art und Höhe der Unterstützung unterliegen der endgültigen Beschlußfassung des Bezirksausschusses, sofern die Landarmenverbände nur aus einem Kreise bestehen. (cfr. § 41 Abs. 2 des Zuständigkeitsgesetzes vom 1. August 1883.)

Oeffentliche Unterstützung hülfsbedürftiger Ausländer.

§ 64.

Jeder Auslänger ist, so lange ihm der Aufenthalt im Inlande gestattet wird, in Bezug

a) auf die Art und das Maaß der im Falle der Hülfsbedürftigkeit zu gewährenden öffentlichen Unterstützung,

b) auf den Erwerb und Verlust des Unterstützungswohnsitzes

einem Deutschen gleich zu behandeln.

Anm. 1 zu § 64. Dieser § steht in Beziehung zum § 60 des Reichsgesetzes vom 6. Juni 1870.

Preußen hat die dort beregte Verpflichtung zur Erstattung der Kosten resp. zur Uebernahme des hülfsbedürftigen Ausländers auf seine Armenverbände übertragen.

Anm. 2. Voraussetzung des § 64 ist nicht der Umstand, daß der Ausländer sich die Erlaubniß zum Aufenthalte im Inlande erwirkt hat. Es hat mit den Worten: „solange ihm der Aufenthalt im Inlande gestattet wird" nur gesagt werden soll: „solange er sich im Inlande aufhält und ihm gegenüber von dem Rechte, den Aufenthalt zu versagen, nicht Gebrauch gemacht worden ist"

Der Ausländer erwirkt also in Preußen durch zweijährigen ununterbrochenen Aufenthalt den Unterstützungswohnsitz, wenn ihm nicht inzwischen der Aufenthalt im Inlande untersagt worden ist.

Verhältniß der Armenverbände zu anderweit Verpflichteten und zu den Behörden.

§ 65.

Auf den Antrag des Armenverbandes, der einen Hülfsbedürftigen unterstützen muß, können durch einen mit Gründen versehenen Beschluß der Verwaltungsbehörde nach Anhörung der Betheiligten der Ehemann, die Ehefrau, die ehelichen Eltern, die uneheliche Mutter sowie die ehelichen Kinder und die unehelichen Kinder in Beziehung auf die Mutter, angehalten werden, dem Hülfsbedürftigen nach Maßgabe ihrer gesetzlichen Verpflichtung die erforderliche laufende Unterstützung zu gewähren.

Die Beschlußfassung steht dem Landrathe desjenigen Kreises, und im Regierungsbezirke Sigmaringen dem Oberamtmanne desjenigen Oberamtsbezirkes zu, in welchem der in Anspruch genommene Angehörige des Hülfsbedürftigen seinen Wohnsitz hat, beziehungsweise wenn die Gemeinde des Wohnsitzes weder in Kommunal- noch in Polizeiangelegenheiten der Aufsicht des Landrathes unterworfen ist, dem Gemeindevorstande.

Hat der gedachte Angehörige im Inlande keinen Wohnsitz, so treten an die Stelle der Behörden des Wohnsitzes die Behörden des Aufenthaltsortes.

Anm. zu § 65. Der § 65 ist durch den § 43 sub 2 des Zuständigkeitsgesetzes vom 1. August 1883 modifizirt, nach welchem der Kreis-(Stadt-)Ausschuß an Stelle des Landraths resp. des städtischen Gemeindevorstandes auf den Antrag eines Armenverbandes gegen die zur Unterstützung eines Hülfsbedürftigen verpflichteten Angehörigen zu beschließen hat.

Die Beschlüsse des Kreis-(Stadt-)Ausschusses sind vorbehaltlich des ordentlichen Rechtsweges endgültig.

§ 66.

Gegen die Entscheidung der Verwaltungsbehörde (§ 65) steht innerhalb zehn Tagen nach deren Zustellung sowohl dem in Anspruch genommenen Angehörigen wie dem betheiligten Armenverbande der Rekurs an die Deputation für das Heimathwesen zu, welche letztere nach Anhörung der Gegenpartei im Verwaltungswege endgültig entscheidet. Beiden Theilen bleibt überdies die Verfolgung ihrer Rechte im gerichtlichen Verfahren vorbehalten.

Anm. zu § 66. Der erste Satz des § 66 ist aufgehoben durch den § 43 sub 2 des Zuständigkeitsgesetzes vom 1. August 1883, nach welchem die Beschlüsse der Verwaltungsbehörde (des Kreis-(Stadt-)Ausschusses) vorbehaltlich des ordentlichen Rechtsweges endgültig sind.

§ 67.

Die Entscheidungen der Verwaltungsbehörde (§§ 65, 66) sind vorläufig und so lange vollstreckbar, bis auf erhobenen Rekurs im Verwaltungswege oder mittelst rechtskräftigen gerichtlichen Urtheils eine abändernde Entscheidung erfolgt ist.

Im letzteren Falle hat der Armenverband dem in Anspruch genommenen Angehörigen das bis dahin Geleistete beziehungsweise das zu viel Geleistete zu erstatten; im Weigerungsfalle ist er hierzu im Aufsichtswege anzuhalten.

Hatte jedoch der eine solche Erstattung Fordernde die gerichtliche Klage nicht innerhalb sechs Monaten nach Zustellung des von ihm angefochtenen Beschlusses der Verwaltungsbehörde angebracht, so kann er nur dasjenige zurückfordern, was er für den Zeitraum seit Anbringung der Klage zu viel geleistet hat.

§ 68.

Die Erstattung bereits verausgabter Unterstützungskosten kann ein Armenverband in allen Fällen, soweit nicht die §§ 40 ff., betreffend das Verfahren in Streitsachen der Armenverbände, zur Anwendung kommen, nur im gerichtlichen Verfahren beanspruchen.

Besondere Bestimmungen für einzelne Landestheile und Schlußbestimmungen.

§ 69.

Unter einem Deutschen Hülfsbedürftigen und einem Deutschen Armenverbande im Sinne dieses Gesetzes ist ein solcher zu verstehen, welcher dem Geltungsbereich des Bundesgesetzes über den Unterstützungswohnsitz vom 6. Juni 1870 angehört.

§ 70.

Soweit die Vertheilung der von den einzelnen

Verbänden, Kreisen und Gemeinden in Folge dieses Gesetzes aufzubringenden Kosten nach Maßgabe der direkten Staatssteuern erfolgt, kommen folgende Bestimmungen zur Anwendung:

1. in den mahl- und schlachtsteuerpflichtigen Städten tritt die Mahl- und Schlachtsteuer, nach Abzug des für die Städte erhobenen Steuerdrittels an die Stelle der Klassensteuer;
2. die in § 4 Littr. a und b des Grundsteuergesetzes vom 21. Mai 1861 (Gesetz-Samml. S. 253) und beziehungsweise in § 3 des Grundsteuergesetzes vom 11. Februar 1870 (Gesetz-Samml. S. 85) bezeichneten Grundstücke werden nach Maßgabe derjenigen Grundsteuerbeträge herangezogen, welche von ihnen zu entrichten sein würden, wenn ihnen ein Anspruch auf Grundsteuerbefreiung oder Bevorzugung nicht zustände. Die Berechnung dieser Grundsteuerbeträge erfolgt durch Anwendung des allgemeinen Grundsteuer-Prozentsatzes auf die in Ausführung der vorerwähnten beiden Gesetze für die gedachten Grundstücke festgestellten oder festzustellenden Reinerträge. In den Provinzen Schleswig-Holstein, Hannover und Hessen-Nassau, sowie in dem Kreise Meisenheim geschieht diese Berechnung so lange, als die neu zu regelnde Grundsteuer noch nicht erhoben wird, nach

den gesetzlich feststehenden oder hergebrachten Besteuerungsgrundsätzen;

3. die nach § 3 unter 1 des Gesetzes, betreffend die Einführung einer allgemeinen Gebäudesteuer, vom 21. Mai 1861 (Gesetz-Samml. S. 317 ff.) von der Gebäudesteuer befreiten Gebäude, mit Ausnahme derjenigen, welche sich im Besitze der Mitglieder des Königlichen Hauses oder des Hohenzollernschen Fürstenhauses, sowie des Hannoverschen Königshauses oder des Kurhessischen oder des Herzoglich Nassauischen Fürstenhauses befinden, werden nach Maßgabe ihres, den Grundsätzen des angeführten Gesetzes entsprechend, besonders einzuschätzenden Nutzungswerthes und der danach zu berechnenden Gebäudesteuerbeträge herangezogen;
4. die Steuer für den Gewerbebetrieb bleibt außer Berücksichtigung.

Anm. 1 zu § 70. Die Bestimmung des § 70 sub 1 ist durch Wegfall der Schlacht- und Mahlsteuer obsolet geworden.

Anm. 2. Vergl. wegen der Landarmenverbände Anm. zu § 29.

§ 71.

Die in diesem Gesetze den Bezirksregierungen, resp. den Landräthen überwiesenen Verrichtungen sollen in der Provinz Hannover von den Landdrosteien, resp. den Amtshauptmännern, wahrgenommen werden. Ebenso treten in der Provinz Hannover die Amtsvertretungen an die Stelle der Kreistage; ausgenommen jedoch sind die Kreiskommissionen, welche auch in Hannover für die einzelnen Kreise unter dem Vorsitz des Kreishauptmanns einzurichten und deren Mitglieder und Stellvertreter von den Kreistagen zu wählen sind.

Bis zum Erlaß der im § 28 gedachten Königlichen Verordnung wird die Verwaltung des Landarmenwesens

a) für die Provinz Schleswig-Holstein der Regierung zu Schleswig,
b) für den kommunalständischen Verband des Regierungsbezirks Wiesbaden mit Ausnahme des Stadtkreises Frankfurt a. M. der Regierung zu Wiesbaden,
c) für den Regierungsbezirk Sigmaringen der Regierung zu Sigmaringen

übertragen.

Für das Jadegebiet werden die in den §§ 36, 40 bis 57 und 66 erwähnten Verrichtungen einer Deputation für das Heimathwesen in der Provinz Hannover übertragen; im Uebrigen wird für das gedachte Gebiet die Zuständigkeit der Behörden durch Königliche Verordnung geregelt. Für den

Regierungsbezirk Sigmaringen wird bis zur Einführung einer Provinzial- und Kreisvertretung Folgendes bestimmt: Es wird in jedem Oberamtsbezirke eine der im § 60 gedachten Kommissionen gebildet; den Vorsitz in derselben führt der Oberamtmann; die beiden anderen Mitglieder und deren Stellvertreter werden von den Ortsvorstehern (Bürgermeister, Stadtschultheiß, Vogt) gewählt; in gleicher Weise erfolgt die Wahl der nicht vom Könige zu ernennenden Mitglieder der Deputation für das Heimathwesen; zum Zwecke der Wahlen werden die Ortsvorsteher zu Wahlverbänden vereinigt, deren Bildung dem Regierungspräsidenten übertragen wird.

§ 72.

Die Verwaltung des für das ehemalige Herzogthum Nassau vorhandenen, seiner Bestimmung zu erhaltenden Central-Waisenfonds wird durch Königliche Verordnung geregelt; bis zu deren Erlaß bewendet es bei den darauf bezüglichen Bestimmungen der §§ 17 und 19 des Gesetzes, betreffend die Verwaltung der öffentlichen Armenpflege, vom 18. Dezember 1848. (Nassauisches Verordnungsblatt S. 303 ff.).

§ 73.

Das gegenwärtige Gesetz tritt, vorbehaltlich

der Bestimmung des § 30, mit dem 1. Juli 1871 in Kraft. Es ist, den Bestimmungen des gegenwärtigen Gesetzes entsprechend, Vorkehrung dahin zu treffen, daß vom 1. Juli 1871 ab jedes Grundstück einem räumlich abgegrenzten Ortsarmenverbande angehört oder selbstständig als solcher eingerichtet ist.

Das in den §§ 40 ff. vorgeschriebene Verfahren kommt bei denjenigen Streitsachen der Armenverbände zur Anwendung, welche nach dem 30. Juni 1871 anhängig gemacht werden (§ 65 unter 6 des Bundesgesetzes vom 6. Juni 1870).

§ 74

(enthält die Bestimmung, daß mit dem 1. Juli 1871 alle mit den Vorschriften des gegenwärtigen Gesetzes im Widerspruche stehenden oder mit denselben nicht zu vereinigenden gesetzlichen Bestimmungen außer Kraft treten. Es werden sodann die außer Kraft tretenden Gesetze der einzelnen Landestheile namhaft gemacht.

III.

Tarif der von den Preußischen Armen-Verbänden zu erstattenden Armenpflegekosten.

Auf Grund des § 30 des Bundesgesetzes über den Unterstützungswohnsitz vom 6. Juni 1870 (Bundesgesetzblatt S. 360 flg.) und des § 35 des Ausführungsgesetzes vom 8. März 1871 (G.-S. S. 130 flg.) wird hierdurch nach Anhörung der Provinzialvertretungen (Kommunal-Landtage) Folgendes bestimmt:

1. Der Tarifsatz, mit welchem die für die Verpflegung eines erkrankten oder arbeitsunfähigen Hülfsbedürftigen im Alter von 14 und mehr Jahren entstandenen Kosten einem Preußischen Armenverbande von einem anderen Preußischen Armenverbande zu erstatten sind, beträgt für jeden Tag der Verpflegung:
   a) für die in der Servis-Klasseneintheilung Beilage Litt. b. des Gesetzes vom 25.

Juni 1868, betreffend die Quartierleistung für die bewaffnete Macht während des Friedenszustandes (B.-G.-Bl. S. 544 flg.) in der dritten bis fünften Klasse aufgeführten Ortschaften . 60 Pfennige,

b) für die, den höheren Servis-Klassen angehörenden Ortschaften . . 80 Pfennige.

Nicht hierunter begriffen und besonders zu berechnen sind die unter 2. erwähnten Kosten, sowie die Kosten für gelieferte Kleidungsstücke.

2. Der Tarifsatz der, für die nothwendig gewordene ärztliche oder wundärztliche Behandlung und Verpflegung der zu 1. gedachten Personen einem Preußischen Armenverbande von einem anderen Preußischen Armenverbande zu erstattenden Kosten beträgt, mit Einschluß der Kosten der dem Hülfsbedürftigen gereichten Arzneien, Heilmittel ꝛc. ꝛc. für den Tag und für alle Ortschaften gleichmäßig . . . . 20 Pfennige, vorbehaltlich gleichwohl einer besonderen Berechnung und Liquidirung erheblicher außerordentlicher Mehraufwendungen, welche in Verwundungsfällen oder bei schweren oder ansteckenden Krankheiten nothwendig geworden sind.

3. Der Tag, an welchem die Verpflegung begonnen hat, wird mit dem Tage an welchem dieselbe beendet worden ist, zusammen als ein Tag berechnet.
4. Die obigen Tarifsätze kommen gleichmäßig zur Anwendung, die Verpflegung mag innerhalb oder außerhalb eines Kranken- oder Armenhauses bewirkt worden sein.
5. Alle, unter die Bestimmungen zu 1 und 2 nicht zu begreifenden Verwendungen sind besonders zu berechnen; dies gilt namentlich auch rücksichtlich der Kosten der Verpflegung solcher Personen, welche das Alter von 14 Jahren noch nicht erreicht haben oder nicht vollständig arbeitsunfähig sind.
6. Die gegenwärtigen Bestimmungen, deren Revision vorbehalten bleibt, treten mit dem 1. September d. J. in Kraft; mit demselben Tage tritt der Tarif vom 21. August 1871 nebst der Bekanntmachung vom 3. Juli 1872 außer Geltung.

Berlin, den 2. Juli 1876.

Der Minister des Innern.
Graf zu Eulenburg.

Anm. 1. Der Tarif normirt nur für Liquidationen Preußischer Armenverbände gegen Preußische, und zwar ausnahmslos rücksichtlich aller Ansprüche, welche von denselben auf Grund des Reichsgesetzes vom 6. Juni 1870 erhoben werden.

Liquidirt ein Preußischer Armenverband höhere Beträge als die im Tarife festgestellten einem Nichtpreußischen Armenverbande gegenüber, so wird Ersterer im Streitfalle solche Thatsachen vorzubringen haben, welche die Höhe der geforderten Beträge rechtfertigen.

Vereinbaren Preußische Armenverbände unter sich höhere Beträge als die im Tarife festgestellten, so sind Forderungen aus solchen Vereinbarungen vor den Civilgerichten geltend zu machen.

Anm. 2. Für Personen, welche das 14. Lebensjahr noch nicht erreicht haben, sind die wirklich aufgewandten Kosten zu berechnen, jedoch selbstverständlich (cfr. § 30 Abs. 2 des Reichsgesetzes vom 6. Juni 1870) mit Ausschluß der allgemeinen Verwaltungskosten der Armenanstalten und der besonderen Gebühren fest remunerirter Armenärzte.

Anm. 3. Der Tarif ist nicht maßgebend für Ansprüche, welche den Preußischen Armenverbänden wider den Unterstützten selbst und wider dritte verpflichtete Personen (z. B. alimentationspflichtige Verwandte) zustehen. Diese können zur Zahlung der Mehrkosten, welche durch die auf Grund des Tarifs von Seiten eines Armenverbandes geleistete Zahlung nicht gedeckt worden, angehalten werden.

Anm. 4. Für die ärztliche und wundärztliche Behandlung sind pro Tag 20 Pfennige zu liquidiren, vorbehaltlich der Liquidirung erheblicher außerordentlicher Mehraufwendungen, welche in Verwundungsfällen oder bei schweren und ansteckenden Krankheiten nothwendig geworden sind. Es muß also im Streitfalle nicht bloß die Art, sondern auch die Nothwendigkeit der gehabten Mehraufwendungen in den vorberegten Fällen nachgewiesen werden.

Anm. 5. Zu den für ärztliche und wundärztliche Behandlung zu liquidirenden Kosten von 20 Pfennigen pro Tag rechnen auch die in einem Krankheitsfalle durch die Zuziehung eines Zahntechnikers, eines Heilgehülfen, einer Hebamme 2c. erwachsenen Kosten.

Anm. 6. In Betreff der nach den Servis-Klassen der Ortschaften zu berechnenden Tarifbeträge ist zu beachten, daß der für den vorläufig fürsorgepflichtigen Armenverband normirende Tarifsatz zur Anwendung kömmt, selbst in dem Falle, wenn der vorläufig fürsorgepflichtige Armenverband den Hülfsbedürftigen an einem anderen Orte, welcher einer höheren Servis-Klasse angehört, kuriren und verpflegen läßt.

Berichtigungen:

1. pag. 2 in Anm. 1 muß es heißen: mit Ausnahme der Angehörigen des Königreichs Bayern und des Reichslandes Elsaß-Lothringen.
2. pag. 57 in Anm. 4 „recuriren" statt: reccuriren.

Gedruckt bei W. Gesellius in Demmin.

Rob. Rohde, Berlin, Potsdamerstr 26b.

FSC
www.fsc.org
MIX
Papier | Fördert
gute Waldnutzung
FSC® C083411

Kolibri 360 GmbH
Ferdinand-Jühlke-Straße 7
99095 Erfurt, Deutschland
produktsicherheit@kolibri360.de